历史学观念变迁探析

王毅力 著

西南交通大学出版社
·成 都·

图书在版编目（CIP）数据

历史学观念变迁探析 / 王毅力著. —成都：西南交通大学出版社，2021.10
ISBN 978-7-5643-8288-9

Ⅰ.①历… Ⅱ.①王… Ⅲ.①史学–研究 Ⅳ.①K0

中国版本图书馆 CIP 数据核字（2021）第 205428 号

Lishixue Guannian Bianqian Tanxi
历史学观念变迁探析

王毅力　著

责任编辑	吴启威
封面设计	原谋书装

出版发行	西南交通大学出版社 （四川省成都市金牛区二环路北一段 111 号 西南交通大学创新大厦 21 楼）
邮政编码	610031
发行部电话	028-87600564　　028-87600533
网址	http://www.xnjdcbs.com
印刷	成都蜀通印务有限责任公司

成品尺寸	170 mm × 230 mm
印张	10.75
字数	143 千
版次	2021 年 10 月第 1 版
印次	2021 年 10 月第 1 次
书号	ISBN 978-7-5643-8288-9
定价	58.00 元

课件咨询电话：028-81435775
图书如有印装质量问题　本社负责退换
版权所有　盗版必究　举报电话：028-87600562

"田野史学丛书"序

当代史学已经在传统的文献考证、现代史学理论和书写范式基础上有了新的启程，着力于主动面向社会发展需求，与民众对话，为民众着想，在学理与常理之间寻求平衡。只有下到人民的社会的汪洋大海中去搏击，史学才可能得到真正的繁荣发展，这越来越成为史学界的共识。

基于十多年的教学与研究实践，在上述认知的启示下，我于2014年底提出田野史学的理念。经过多年的实践，这个理念得以不断丰富，其基本内涵是：以社会现实问题为起点，发挥历史认识主体的历史文化根底、人文视野、认知能力和通识智慧，借助人类学、社会学、考古学等多学科的知识和现代信息技术手段，与民众一起，对活态社会的历史文化进行系统调查、记录、书写、传播与研究。在学理与常理之间对话，合理评估并发挥其价值，形成一定的文化自觉、文化担当和文化批判精神，主动参与社会文化建设。田野史学不仅要眼光向下，更要自觉践行"从群众中来，到群众中去，一切为了群众，一切依靠群众"的原则，强调学术服务于人的实践性，故又具有自己的人才培养模式。

学问在自得于心，非求苟同。现代学术研究的分途异畛，理路精深，需要去洞察。但各种理论方法之间，各种学者之间，阈见我执，高下相倾，前后相随，音声相和，纷然杂陈，莫衷一是。或有学而不术者，或有术而不学者，更有不学无术者。这或许是一种有代价的进步，也是一种现代性陷阱，我们身在其中，逃离是何其之难。田野史学不是为学术而学术，为研究而研究，但决非不学无术。学与术皆关乎大道，必有所本、所由、所处、所务。民心与人情，小以识大，近以致远，末以归本。道不远人，不舍小者、近者、末者，能与民并用，可以知古，可以察今。为此，我们在努力"学"的同时，将"术"也进行了多角度的尝试，试图在平庸中悟出道之所在，寻求到新知识、新观念、新方法。现在学界强调的学理，包括学术的话语、思维和表达范式等，是辩证逻辑与学术问题的结合，是现代学术文化的一部分。而常理则是更大众的，是经历长期历史的变迁而积淀在人们生活规范中的客观规律。如何将理论知识的有效性与历史中积淀下来的延续的"理"实现对接和互补，是"学理和常理"对话方法突破的关键。我们现阶段的田野史学，仍然没有完全逃出既有学术话语体系的窠臼，而"学理和常理"的进一步结合，才是田野史学接下来的重点。

顺数既往，则可以逆推将来。我们似乎在模仿孔子带着学生周游，口宣其诚，笃行其道。孟子、荀子、韩愈、慧能、朱熹、王阳明、顾炎武、黄宗羲、章学诚、陶行知、钱穆，等等，一路下来，都影响着我们的抉择。《礼记》礼运篇以为圣人耐天下为一家，"必知其情，辟于其义，明于其利，达于其患，然后能为之"。顾炎武说过："'君子居则观其象而玩其辞'，观之者浅，玩之者深矣，其所以与民同患者。"我们当今所观之象，乃社会之实，非深不可，所玩之辞，则远超学术之文，非广不可。在观玩之间，则必须知人情，辟人义，明人利，与民同患同乐，为真向善，以前民用。我们深信这才是传之久远的正道，也是田野史学所追求之本义。居之久，则知之深，知之深，则行之切，而左右能逢其源。希望这是一种正能量的集聚，成为逃离现代性陷阱的一种新的可能。

伴随着一批批的学生，我们一如既往，走到了2020岁末，也还将继续走下去。走过很远的路，爬过很高的山，穿行在蜿蜒盘旋的小道上，总是路转溪头，山外有村。在一座座的山寨里，总是有百年乃至数百年的家族落地生根，开花结果，迁徙繁衍与朝夕耕耘；在大山的深处，总是有独特的故事静静地等着被发现和书写；在特殊的时节里，总是有精彩的仪式活动吸引我们去拍摄；在逼仄的门庭内，总是有德高望重的老人触动着我们的灵魂。没有经费支持，就自己掏腰包，所到之处，只求有个吃住，有时候，一天只吃一顿饭。颠沛之中，造次之间，师生总是满足的快乐的。

我们都很享受这种游走的状态。寻碑铭、访故老、观民情，徜徉于山水之间，边听边看，边想边说，怀思古幽情，品人世沧桑。把书斋里的历史放下，走进当下的活态社会，悟对古今，究问天人，侃谈中外。累了就坐下来，大家慢慢聊天。和乡亲们一起，朝夕相处二三十天甚至更长，都成了不期而遇的老朋友。晚上，大家要总结调查的内容，相互讨论，讲事实，摆故事，引证理论，回应心灵的关切。每天还要写出调查日志，整理调查资料。什么是人？人何以存在？什么表示人？所有人对此都可以有所感悟。诉不尽的喜怨哀乐，悟不尽的人世沧桑，理性者崇势利，劳碌奔波，感性者闲庭雅致，皆不免滑稽而又心酸，愚昧而又狂欢，固执与偏见无处不在。什么是善？什么是真？什么是历史？未来在哪里？是我们每天不可回避的追问。

贵州民族大学田野史学的理论与实践探索，已经走过了十年，总算有了一些小小的积累。除了老师们关于史学学术与社会、时代关系的思考，更有与我们一起成长的学生们的一批作品。这些作品都是基于长期的活态社会调查而形成，并都在很大程度上得到乡亲们在生活与情感上的回馈，思想上的感召，既有记录性质的村寨志和乡土调查报告，也有区域社会变迁的个案书写与研究。第一批成果分别是《田野史学指归》《历史学观念变迁探析》《清代至民国时期贵定县碑刻研究》《贵安新区马场镇平寨村布依族历史文化变迁研究》《互动与整合：镇远县辽家坳村历史文化变迁研究》《区域社会史视野下花溪清代碑刻调查与研究》。《田野史学指归》主要论述田野史学的理论与方法，《历史学观念变迁探析》主要讨论中国历史学观念的发展与变迁，对当下史学的发展提出建设性思考。其他作品则是在田野史学理论方法启示下，对具体村落的历史文化进行调查研究。理论思考是对多年来田野调查的小结和概括，解决田野史学是什么及如何做的问题，而具体的碑刻调查、村落文化书写等则反映了我们的实践内容，是将理论初步融入实践的尝试。总体而言，这套丛书是我们在常理和学理之间寻找共识的产物。

当然，第一阶段的成果总体上还是既有学术框架下的仿作，显示我们还处于田野史学人才培育的摸索阶段，与田野史学的真正目标相差甚远。现在把师生的部分作品结集出版，以求栖身于学术百草园，热切期望学界给我们真诚的批评。希望越来越多的史学爱好者和乡村社会建设的知识青年，加入到田野史学的研究和创作中来，努力创造出更多适应乡土社会需要的历史文化书写成果。让田野史学走进民众生活，展现乡村社会历史上不同的精彩瞬间，揭示乡村社会历史文化发展逻辑，从而成为以史为鉴并推演未来的重要催化剂。这对于史学来说无疑是一种尝试性的推进，是我们力主史学惠及大众的学术呼吁。

叶成勇
2020 年 12 月

序　言

　　记得四十年前还在大学历史系读书时，我的脑海中就闪现过对历史与历史学看法的思想"火花"，那就是历史不仅是人类社会的，也是自然界的，推而广之从宏观到微观的万事万物都有各自的历史，那么历史学也应当是这样的。虽然当时我们学的历史是人类社会的历史，确切地说是中国与其它国家的历史。但历史与历史学广泛性的观点在我的思想上一直确定不移，当时我就打算将来有条件时自己应当加以阐释，以便与别人、与史学界交流。光阴荏苒，几十年过去了，自己从事过高中历史教师、建筑装饰公司秘书、地方党史研究者的工作，特别是在党史研究工作中，我写的一篇论文于2011年被省级单位推荐给中央，该论文是全国唯一入选的贵州省推荐的论文。它被收录于书中，而我也收到了证书，这件事不仅使我兴奋，而且唤起了我去实现大学时代的著书想法。恰逢我们所处的时代正是一个重视与爱护自然、人与自然和谐共生的生态文明时代，这与多年来自己对历史学的想法相契合。于是，我决定完成当年自己许下的著述全面性历史学一书的夙愿。

　　当我基本写完稿时，正值2018年12月贵州省史学界召开"纪念改革开放40周年学术研讨会"之际，我写的论文《论新时期贵州党史事业成就》被会议选中，通知我参会，因本单位年终太忙就告假没参加。但我添加了史学界微信群，在群里我发的对历史及历史学的言论引起了贵州民族大学叶成勇教授的兴趣，他发的言论也引起我的共鸣，我们成了网友。会后不久，我向叶教授谈了自己想要出书的打算，他虚怀若谷，当即叫我发书稿给他，看后他表示愿意出力，玉成此事！

我们虽素未谋面，我却感受到他有成人之美的君子之风、见贤则喜的伯乐精神！古人有一见如故之说，我们是更胜一筹啊！于是，才有我的书作为叶教授主编的"田野史学丛书"而与西南交通大学出版社的合作，才使我出书的愿望得以实现！也许这是改革开放与我们的时代之缘，是我和叶教授的人生之缘吧！

我的这本《历史学观念变迁探析》以当今生态文明时代全面性的观点，探索了历史学的一些基本理论问题，并在纵观人类对历史的记载与对历史学探索的基础上，分析与归纳出在农业文明时代产生了对人类社会最重要的组织国家的历史事件、历史人物作为重点对象进行具体性记载与描述其形象为特征的感性历史学；在工业文明时代，其发展为对政治、军事、经济、科技、文化、制度、自然等多方面的记载，并探索其发展规律为特征的理性历史学；那么，进入生态文明时代的今天，历史学又发展到怎样的阶段呢？它的对象范围有多大呢？它与古代历史学、近代历史学具有哪些不同的特点，又继承了前者的哪些方面呢？史书记载的多种表现形式及各自特点有哪些？历史学会向何处去发展呢？生态文明时代需要什么样的历史学家？这一系列基本理论与实践问题，正是我在本书中提出、论述、探索并尝试力图解答的；我是学师范的，曾教书，心中对老师有一种情结，就尝试以教科书的方式写一本供读者阅览的历史学理论探索读物，借以抛砖引玉；寄望于读者，特别是史学界教育界的专家学者交流探讨，从而得出我们这个时代卓有成效的历史学理论。

本书曾以《生态文明时代的历史学观念之我见》为题，在中共贵阳市委党史研究室编辑出版发行的刊物《贵阳党史》（2019年第1期至2020年第4期）上连续刊登，至本书出版前，仍在连载。也感谢贵州民族大学、西南交通大学出版社的团结合作，辛勤劳动，才使本书得以出版发行！

读书是读者的心灵在漫步，是与作者在进行心灵之间的交流。愿读者在游览"田野史学"的广阔山川、村寨风情、古迹碑文时，不妨一览湖水宝塔，怡思有感！但愿我的这本书与田野史学的其他书籍一样，能遇更多知音，以共促历史学和文化文明的进步！

王毅力

2021 年 9 月 6 日

目录

开篇语	001
第一章　什么是历史	002
第二章　什么是历史学	009
第三章　历史学的产生与三个发展阶段	020
第四章　历史学的目的与精神	052
第五章　历史学的任务	059
第六章　生态文明时代需要什么样的历史学家	153
结　论	156
参考文献	159
后　记	160

开篇语

　　世界上的万事万物皆有值得我们人类去不断探索的奥秘。对奥秘应当探寻它的本源、特质、演变、发展，方能获得真知，从而推动事业的进步。对过去的历史进行记载、反映与探索的学问就是历史学。历史学从古至今不断发展，既有继承性，又有所经过的农业文明、工业文明、生态文明各个时代的特点和创新性。担负起创立新史学并推动史学发展的任务，这是每一代历史学家的职责。当人类社会进入或正在进入新的时代或新的阶段时，我们也感知并意识到时代的发展和出现的新问题需要重新定义一般的、人们习以为常的科学时，需要给出新的答案时，说明我们的思想进步了。居于生态文明时代的今天，我们需要探索与建立体现新时代文明成果特色的历史学，这就是全面性的历史学观念！她的建立，对促进历史学全面深入的发展，对推动社会文明的进步，都将是大有裨益的！

第一章　什么是历史

　　提到"历史",很多人会自然而然地想到在学校里上的历史课:中国历史、世界历史,就会因此得出答案:"历史"就是指我们中国过去的发展变化,或者再扩大范围,是指世界各国过去的发展变化。如果我们再问:我们所居住的城镇或乡村有没有历史呢?我们就读的学校有没有历史呢?我们工作的单位有没有历史呢?我们每一户家庭有没有历史呢?或者我们更直接地自问一下:我们每一个人有没有自己的历史呢?不少人一时回答不上来,但仔细想想,自己从读书到工作要填"简历表",好像是有的吧!更多经过思考的人回答是肯定的。那这样来看,历史就不仅仅是国家的历史。我们再问一下,自然界的日月星辰、高山河流、花草树木、飞禽走兽等有没有各自的历史呢?回答也应当是肯定的。那这样来看,历史就不仅仅是人类的历史。那么,历史究竟涵盖多大范围及多少对象呢?今天我们处于高科技和生态文明新时代,站在哲学的高度来探索和回答:能够涵盖所有对象的科学意义上的"历史"概念是什么呢?

　　历史是物质以往的发展过程。这个定义既适合人类社会,也适合自然界。首先,这里所指的"物质",不是指相对于精神而言的狭义性的"物质",而是指具有广泛性存在的物质。它既包括世界上一切有形的物质,也包括世界上一切无形的物质。有形的物质,如人、家具、房屋、车辆、街道等生活中所见的一切物质,包括看得见的大自然的一切现象,或通过望远镜看得见的天空中更加遥远的各种星星,或用显微镜看得见的各种细菌等物质;无形的物质,包括看不见却感觉得到或感觉不到的,如风、无色有味的气体或无色无味的病毒等。这些有形物与无形物都是广泛性存在的表现形式,都可以称为具有广泛性存在的物质,它包括存在的空间和时间。既然是物质,从绝对的意义上来说,都是运动的,都有运动的过程;并且物质在运动过程中不是孤立的，必然发生相互之间的碰撞，这就是矛盾，即事件。因此，我们可以说得通俗一点，历史就是人、事、物以往的发展过程，历史就是过去存在和发生的一切。但是，过去囿于科学发展程度及认识的局限，不少历史学理论书认为：历史是指人类社会以往的发展过程。这个概念对不对呢？从今天自然科学技术高度发达及重视自然环境的生态文明新时代的全面性观点来看，这个答案具有明显的局限性。归纳前面所举例子可得出：人类社会的历史仅仅是整个历史中一个最重要的组成部分，而不是历史的全部。今天我们对"历史"的理解应当是：历史是指人类、自然界等一切物质以往的发展过程。换言之：历史的范围无限广大，历史的对象无所不包，凡在世间存在过的就有发展过程，凡有发展过程的就有历史。万物皆有历史，历史具有广泛的物质性。

其次，"历史"有明显的时间性，它是指过去的、发生过的，可以说历史具有"过去性"，这是它最鲜明的特征。我们通常讲到历史，都是指过去发生过的，而不是指现在正在发生的，虽然"现在"到将来会成为历史，但就现在而言，还不是"历史"，更不是指未来还没有发生的。既然是过去的物质，就必然有发生、发展，有过程。许多已经消亡，但有的还存在，它们的历程还没有终结，仍在继续存在与发展。因此，我们在讲到它们时常常说这项历史性的工作或具有历史意义的事业等。因而历史是指过去发生的一切物质的发展过程。换言之：过去皆历史，历史具有过去的时间性。

再次，"历史"这个概念虽然包括过去发生的世界上的万事万物，但一般我们说"历史"时，总是有具体指向性、主体性的，即过去的一切物质都有各自的历史，都成为各自历史的主体。当我们要反映历史时，一定是指要反映什么主体的历史，如中国历史、世界历史、我们城市的历史、我们村的历史、我们单位的历史、我们学校的历史、我们家的历史等。因此，主体性决定所体现的是什么历史，决定历史的性质，我们所讲的历史又有具体所指的主体性。

其四，"历史"具有"一次性过"的特点，它绝不可能像自然科学中搞实验那样条件完全相同地再来一次，即时光一去不回头。当然，历史是可以用笔、照相机、摄像机记录和再现的，但只能是形象，而不是实体，即使是形象也只能是部分的记录和再现。

因此，历史具有广泛的物质性、过去的时间性、所指的主体性和过程的一次性的特点。

为了准确地规范科学概念，我们将"历史"划分为广义上的"历史"和狭义上的"历史"。

广义上的历史：指人类、自然界等一切物质以往的发展过程。经过长期以来的科学考证：人类及其社会的历史已有几百万年的发展过程，包括人类体质的进化、社会组织的进步，到最重要的社会组织国家与最重要的文化成果文字等的产生以及发展到高度文明的现代，这就是人类史。如果按严格的科学意义来划分，人类史可分为人类体质进化史和人类社会发展史。人类体质进化史这一大类可分为远古的人类体质史，包括猿人、古人、新人，进化到现代人体质的发展史。人类社会史这一大类包括远古时代地域内统治人群的组织史，如氏族社会史、部落社会史，到五千多年前产生演变的更大地域的统治人们的特殊社会组织国家，中国史就属于国家史系列；如按对生产财富占有的不同特征的社会性质来划分，又可分为原始社会史、奴隶社会史、封建社会史、资本主义社会史、社会主义社会史等；如按思想信仰组成的社会组织史，又可分为宗教社团史、近代社会产生的政党史，中国共产党史就属于政党史类中的执政党史。再看广义上历史的另一大类自然界，大到地球、太阳、银河系乃至宇宙，小到鲜花、绿草、树木、各种动物等，都有各自的发展历程，都形成各自的历史。这些自然界物质各自的历史共同组成自然界的历史，简称"自然史"。其中的每一大类又可划分出若干种类的历史，如动物类史，可分为水里游弋的动物类史、陆地上行走奔跑的动物类史、天空中飞翔的动物类史；而每一类又可分为若干种类，每一种类又可分为若干支类，每一支类又可分为若干群等。因此，人类史和自然史共同构成广义上的历史。

狭义上的历史：指人类社会，即世界、国家、民族、政党、城市、乡村、各行各业的工作单位，乃至家庭、个人（个人虽是个体，但他有社会属性，并生活在社会环境中）等以往的发展过程，还有人类创造的一切物质和精神的劳动成果等的发展过程。这里所说的"狭义"不是道德或感情上的贬义词，而是就科学概念的范围而言，相对于广义而言。人类总是从自我的角度来观察世界、认识世界，因此，狭义上的"历史"就是人类社会的历史。特别是近几千年来世界上各国并立，人们所居的地域及其思想感情等都受到自己国家的政治、军事、经济、文化发展的决定性影响与制约。进入近代以来，政党的产生及其发展，特别是执政党的历史与社会领导制度的历史成为国家史的中心部分，在很大程度上决定着国家社会发展的走向和快慢。因此，人们常以自己所处的社会制度中执政党领导国家的指导思想和整体利益以及长期历史形成的传统思想文化的价值标准来看待事物。因此，讲到历史，总是想到本国的历史，至多认为还有外国的历史。我们经常讲的"历史"，就是指国家与民族的历史。我们通常说的上历史课，就是指上中国历史课，或上世界历史课，今后也仍会这样说。讲到历史人物，也总是从国家的角度出发，将那些在国家发展过程中产生过明显作用和重大影响（正面或负面）的人物称为历史人物。但这并不等于说一般人就没有自己的经历，就没有自己的历史。有一句常用语叫"自己的历史自己写"。只不过一般人的历史没有在国家发展过程中产生过明显作用或重大影响，从国家发展历史的角度来看，就不能称其为国家的"历史人物"。

明确了"历史"具有广泛的物质性、过去的时间性、所指的主体性与一次性过去的特点；明确了历史不仅具有狭义性，而且具有广义性后，我们的意识中就不会把"历史"仅仅局限于中国历史或世界历史中，也不仅仅局限于人类社会里。我们的历史概念及意识就会更宽广、更具科学理性。这种历史观就是面向一切的"大历史观"，就是要把历史、现实、未来联系起来思考的历史观，这是纵向；还要以广阔的视野把相关事物的历史联系起来思考的历史观,这是横向。以追求真知的信念,锤炼我们对历史思维的长度、广度和深度,以提高对历史发展行程的洞察力。这种大历史观就是"全面性的历史观",这种"全面性的历史观"就是我们这个科学技术高度发达的生态文明新时代应具有的历史观。这种历史观不仅使我们继续重视对世界、国家、民族、政党等历史的记载和研究,而且有助于我们对所在的行政区域、对家乡、对自己的学校、对自己的工作单位及其行业之历史的重视和书写,还有助于我们对自己家庭或家族的历史和对个人工作生活之历史的重视与书写,有助于我们对身边一切感兴趣的事物之历史进行观察与研究。这将极大地扩大我们的历史视野及其领域,无论是在人类社会,还是在自然界;无论是在宏观,还是在微观。它还有助于提高我们的认知和历史科学的素养,以推动我们科技发达和生态文明新时代的历史学在各个方面的深入发展,从而推动整个社会文明的进步发展。

"历史"分为客观的历史与主观的历史:客观的历史是指人类社会、大自然以往发展的客观过程;主观的历史,即认识的历史,是指人类对客观历史有选择的记录和解释,如口传、书写或描摹、录制、拍摄、制作。因为人在记录传播客观历史时是有趋向性、选择性的,具有主观性,因而由人记载或反映的历史就是主观的历史,或者说是认识到的历史。虽然我们一再强调要客观地反映历史,但记载传播的历史不完全等同于过去客观发生的全部历史。20世纪前半期的意大利历史学家克罗齐断言"一切历史都是当代史",这一言论被不少人奉为"经典"。但这是不符合发生的客观历史实际的,历史既有人记载的历史,又有客观发生的历史,所以"一切历史都是当代史"这句话对于客观历史来说是错误的定义。但对于主观的历史,即记载的历史就是适合的,因为任何一位历史学家、从事记载和研究历史的工作者都不可避免地要受所生活时代的思想文化的影响,他们的著作都体现着该时代的特点,时代犹如土壤、阳光、气候,历史学家和思想家的作品犹如土壤上开出的鲜花,结出的果实,它们必定要体现时代环境的特色。显然克罗齐定论的"一切历史"是指人记载的一切历史。受近代西方某些历史学家的影响，中国历史学界有一种观点认为，既然我们所看到的历史都是人记载下来的历史，因此，经过人记录下来的过去的人类社会才是历史。这种论调无论是从理性道理，还是从道德情感来说都是经不起推敲的。例如在世界上，无论中国还是其他国家，不少文化相对不发达的地方的很多家庭家族没有"修家谱"或写"家族史"的习惯，难道说这种家庭的每一个人没有看到过上五代的祖先，就可以说上五代的祖先没有存在过吗？自己家的祖先就是从自己看到过的祖先算起吗？自己的家族史就是从自己看到过的祖先才开始有历史吗？应当承认有些历史虽然没有经过记载，但在客观上确实发生过，记载的历史只是全部历史的一部分，而且是经过记录人认识的历史。其实，这种记录的历史可以称为"历史书"。准确地说应当是：一切历史书都体现着著者所处时代的文化及史学思想。但不应该忘记这只是主观认识的历史，并不等于就是客观的全部发生过的历史。客观的历史与记录的历史既有联系，又有区别。前者是后者的基础，但后者只是前者的一部分并经过著者的思想认识的反映。因此，记录的历史准确地应称为：记载历史的书，或历史书，或这本书叫"历史"；而客观发生的历史才是真正的全部的历史。换句话说：历史与历史书的区别是什么呢？历史是过去客观存在的一切，而历史书则是对过去的客观历史做的记录、追记和研究的结果，历史书不可能完全记下过去的一切，只能是基本的、有选择的记载。客观历史是我们进行记载和研究与科学思考的基础。当然，客观历史并不都是被记载与流传下来的，许多被淹没在历史茫茫的风沙尘埃里。因此，客观的历史又分为曾经发生过，但没有被记载流传下来的被遗忘的历史，和被记载流传下来的转化为记载的主观历史。记录历史的史书是人类的记忆在文字上的体现。有了文字的记载，才使人类的历史成为基本连贯的记忆。因此，主观的历史的重要性是显而易见的，但我们不能因此认定记载的历史就是全部的客观历史。

总结前述：什么是历史？历史是物质以往的发展过程；历史具有广泛的物质性、过去的时间性、所指的主体性、一次性过去之特点；历史有广义与狭义之分，广义的历史是指人类、自然界等一切物质以往的发展过程；狭义的历史是指人类的世界、国家、政党与民族等和人类创造的一切成果以及个人以往的发展过程。更直接、更经常使用的历史，是指我们国家的历史、世界各国的历史。历史有客观发生的历史，也有人们记录下来的主观认识的历史，前者是后者的基础，后者成为人们对历史的永恒记忆。

第二章　什么是历史学

记载、反映与研究物质以往的发展过程及其规律的学科及学说就是历史学。简言之，历史学就是关于历史的学问或学说。

其一，历史学具有记载、反映对象表面现象的历史发展过程之特性。历史学的产生就是为了不忘却的记忆和纪念，因此，它必须记载、反映对象表面现象的变化发展过程。无论是从古代详细地描述历史具体发展过程的史籍，还是从近现代简述历史发展进程的史书，或拍摄历史发展过程的图片、影视纪录片、纪实片，都体现了这一特性。无过程，就无历史，历史学就是事物发展的"过程学"。在科学中，凡是目的在于认识事物表面形态及其运动形式的，即为该门学科的基础部分[①]。一般来说，基础性质的内容属于认识世界的范畴。因此，记载、反映对象表面形态及其运动形式的内容及学说属于历史学中的"基础"部分，我们可以称其为"基础性历史学"，这是历史学中的第一个层次，或者说是认识中的知其然阶段。它能够提供给所有时代的人们丰富的历史知识及对历史发展的感性认识。

其二，历史学具有研究并得出对象的历史特点及发展规律的科学认识之特性。历史学不仅仅是为了保留永恒的记忆，而且要通过广泛深入的研究得出正确的结论，使读者及社会吸取历史发展的经验教训，从而促进事业顺利发展。历史学不可能像自然科学那样可以对研究对象进行多次条件完全相同的实验。客观历史具有"一次性过去"的特点，这就不能不使历史学的研究首先要从对象的发展过程所体现的特殊表现形式、特殊原因、特殊性质、特殊意义和特殊发展规律中去进行研究，从而得出符合历史发展特殊规律的正确科学结论，可以说历

---

① 王学典：《史学引论》，北京大学出版社2008年版，第139页。

史学又是"过程规律学"。历史学的对象是包罗万象的，每一个物质及事件各有其特殊性，同时也具有与其相类似的其他事物发展相近的一般性。客观历史虽然不会出现完全一样的重复，但会出现相类似的事物大致的、基本的"重复"。从科学认识的功能来看，历史学研究如果仅仅得出一个又一个具体事物的特殊性结论那是不够的，是没有完成科学的理性认识任务的；还必须在此基础上，对相类似的事物进行全面、广泛、深入的对比研究，找出、归纳出它们之间所具有的共同性，总结出它们所具有普遍意义的一般性，得出正确的、全面的科学结论。只有这样，我们才能穿透历史的表象，对历史的理解更全面、更准确、更深刻，并进一步认识到历史发展的必然规律和实质；才能对实践起到积极的借鉴意义，从而体现出历史学的最终认识和应用价值。如公元前 4 世纪，西方的亚历山大皇帝在征服波斯帝国后，下令军队将这个国家民族的历史文化书籍通通扔进大海里让海水冲走毁灭；毁灭书籍的历史事件在东方也发生过，如公元前 3 世纪，秦始皇在兼并六国后，下令"焚书坑儒"，除坑杀 460 余名儒生外，还用大火烧毁了能搜到的所有宣传思想学说的文典书籍（除留一套在宫中外）。一个是用水毁灭书，一个是用火毁灭书，两者的手段方式各具特点，但目的却是一样的：毁灭书。而两者的终极目的也是一样的：统一人们思想，巩固帝国政权。人们认识到两者这样做的实质是什么，从而得出对这一历史现象的理性认识。在记载与研究历史中，既要注意特殊性，又要注意一般性；既要注意偶然性，又要注意必然性。历史的偶然性位于历史发展的表层，往往一目了然；历史的必然性一般隐藏于历史的深处，需要观察者进行对比、概括、抽象才能找出。偶然性具有瞬间性，必然性具有长期性。偶然性在短期内发挥作用，对具体的历史发挥作用；必然性在长期内的历史中发挥作用，对历史的进程产生作用和影响。历史发展就是偶然性与必然性相结合的产物。历史上恰当的历史观理论体现了对历史必然性与偶然性相融合的认识。在科学中，凡是从现实生活出发，研究如何将基础科学的成果应用于现实，则为该门学科的应用科学，应用性质的内容均属于改造世界的范畴，具有学以致用的功能。因此，在历史学中，我们可以将对历史规律进行研究得出理性认识的部分称为"应用性历史学"，这是历史学中的第二个层次，或者说是对历史认识的知其所以然阶段。应用性历史学最突出的特点就是现实性与实用性[1]，它要求历史学家、历史工作者仅以记载反映历史为初步成果，而以研究得出正确的、深刻的、全面的科学结论为重要成果，尤其以历史学成果贡献给改造现实社会和改造世界并取得成效为最重要的成果。应用性历史学必须建立在基础性历史学之上，否则，它的作用发挥就缺乏足够的底气和力量；基础性历史学最终要显示在应用层面上，否则，它的作用的发挥就极为有限，其价值就不能得到充分展现。两者是相辅相成、相得益彰的关系，是不能截然地、绝对地分开的。研究对象发展规律的历史学，能够提供给人们对历史发展规律的理性认识。

其三，历史学具有对人类社会历史的道德褒贬与价值评判之特性。历史学固然具有提供给人们历史的经验教训，以便在实践中少走弯路，发展顺利的借鉴。但比经验教训更重要的是进行工作事业并创造历史的人。人对社会发展的影响是决定性的。因此，人类的历史学从来都有褒贬的传统，主张史学不但要记事，还要进行评价。在几千年历史发展中，道德始终在社会和人们心目中占有重要的位置，是维系国家社会稳定的共同价值取向与衡量是非的基本准则。历史学家著史书的其中一个目的就是通过对历史人物、历史事件的记述和评判，以伦理道德为准则来警醒人们，以维护一定的社会秩序和利益。古代中国的孔子写《春秋》对君臣道德的评判"令乱臣贼子惧焉"，这就是历史上所谓的"春秋笔法"，就是以"君臣、父子"的等级之道德准则融入史书的著述与评判中。在西方，古罗马历史学家塔西佗的著作被称为"惩罚暴君的鞭子"[2]，以道德观及价值观贯穿历史学始终，是历史学家著

---

[1] 王学典：《史学引论》，北京大学出版社2008年版，第142页。
[2] 王学典：《史学引论》，北京大学出版社2008年版，第158页。

史必然具有的立场感情和衡量历史功过是非的价值标准,是史书中的灵魂及精神。因此,我们可以将体现道德观和价值观的历史学称为"道德性历史学"。道德性历史学是建立在基础性历史学之上的,它以历史上若干的历史人物与具体事例为道德的载体示范而彰显,记载与反映了历史上形形色色的历史人物。因此,可以说历史学是惩恶扬善的学说,是以具体的人物和事例进行惩恶扬善宣传的学说。道德性历史学也是建立在应用性历史学的基础之上并起着指导性、规范性的作用。德为才之帅,才为德之资,有道德又有才能的人就可以更好地造福于国家、人民、民族和世界人类,这样的历史人物在历史上是有的;有德无才的人主观出发点是好的,但没有做好这一件、这一项历史任务的才能,结果政绩平平,或者把事情办砸,这样的历史人物在史书中也是有记载的;最恶劣的是无德有才的人,无德之人出发点就是自私自利,就是为自己、为自己家、为自己的小集团利益,不惜损害国家、人民、民族和世界人类的共同利益,给国家、人民、民族、世界人民造成重大灾难,这样的人同样在历史上也是有的,并被记载在史书里;还有就是无德无才的人,这样的人在历史上同样存在,靠着祖父辈打下的基础而继承统治地位,但却把国家搞得一团糟,甚至亡国,这样的人同样被记载在史书里。这些人物在历史学家的笔下都是有功过是非及褒贬评价的。对读者、对人们起着树立正面榜样引导的作用和反面教材警示的借鉴作用。历史学家不仅是搜集史料著述史书的学问家,也是人类社会道德法庭上对历史人物等历史因素的功过是非进行裁判的"永恒法官",故又可称为千年的"史官"。道德褒贬及价值评判是有历史性的,在古代,无论是中国,还是其他国家,道德褒贬及价值评判主要是针对人,即主要是对掌握国家政权的历史人物,看其言行及结果是为了国家、民族、民众,还是为了个人、自己家或小集团。如果属于前者就是正面的历史人物;如果属于后者就是负面的历史人物。到了近现代,在对历史人物进行道德褒贬及价值评判的同时,也对国家的社会制度、体制、政策进行道德褒贬及价值评判,看其在多大程度上代表国家、民族、人民和世界全人类的利益及其带来的实际效果,是否与人类公平正义的共同价值基本一致。正如19世纪后期至20世纪前期的德国思想家马克斯·韦伯主张的:写历史应当对制度进行道德上的判断,而不仅是对建立在制度上的个人进行道德判断。到了当代,是将历史人物与国家制度、体制结合起来评价,即将历史人物的道德褒贬及价值评判建立在对国家的社会制度、政策的道德褒贬及价值评判的基础之上,将制度、体制、政策看成是导致历史人物言行及结果的根本原因,当然也没有忽略历史人物该负的责任。历史学家在传承下历史事实及对历史理性认识的历史学的同时,也传承下人类自古以来就具有和提倡的高尚道德品质和共同的精神价值。社会的公平正义,爱祖国、爱人民、爱民族、爱世界上追求和平的人类,人类的尊老爱幼,人们对劳动工作的勤奋敬业精神,人与人之间互相帮助的友爱、诚信相待、无私奉献、扶危济困、见义勇为、和睦相处,国与国之间的和平共处等,都是值得永远肯定和维护的!因为在今天以及将来,人类真正面临的危险是国与国、人与人之间无视道德、极端自私(这种自私不仅是个人的自私,也是小集团的自私,甚至是自己国家违背别的大多数国家利益的自私),丢失全世界各国共同的利益价值,特别是掌控着核武器的大国领导人,如果是急于统治世界的极权野心家,他们的征服欲加上自认为的"聪明",甚至觉得可以神不知鬼不觉地攻击其他国家,到头来毁灭的也是自己的国家和自己。政治人物和集团的野心会毁灭人类!因此,在科学技术高度发达的时代,坚守和发扬全人类的共同道德、共同价值、共同利益和命运共同体是多么的重要和迫切!在这方面,世界各国的历史学家、思想家、政治学家、法学家、科学家等负有义不容辞的教育责任。当然,自历史学产生至今,一直就有少数历史学家主张在写史上采取"中立"立场,即不代表哪一王朝、哪一党派,甚至不代表哪一国家、哪一民族,只记载发生的事实而不做任何评价,即"述而不论"。但是在对待历史上显然违背人类公平、正义、道德的令人发指的残暴恶行时,这类历史学家又常常忍不住要严加谴责。例如至今所流传的历史书，凡是写到第二次世界大战时以希特勒为首的法西斯暴徒屠杀六百万无辜犹太人的残酷行径时，无一不是严厉谴责的，包括德国历史学家所写的史书。这说明人类是有共同的良知、共同的道德和共同对是非评判的价值标准的。因此，对道德及价值褒贬的评判一直是历史学的叙述与论述中体现的一项基本职能，它能够给世世代代的人们提供对历史评判的是非观。

其四，历史学具有跨学科性，即既是社会科学，也是自然科学之特性。尤其是在生态文明时代的今天，这一特征就更加凸显。按照生态文明时代全面性的观点看，既然我们都肯定，人类社会有历史，自然界也有历史，那么，就应当相应地承认：研究人类社会历史发展的历史学就属于社会科学；研究自然历史发展的历史学就属于自然科学。然而，长期以来，受社会发展基础之上认识的局限，仅仅把历史学划在研究人类社会的范畴之内，不仅与早就有研究自然历史的事实不符，而且也与今天科技发展和重视自然的生态文明时代的情况不相适应。例如，在记载国家历史时，对于战争，几乎所有国家的史书都是毫不例外地要记载，甚至是着重地记载，但对于自然界产生的疾病瘟疫及其所造成的危害并不是所有的史书都记载的，或者有记载也是"点到即可"的。这就造成了广大读者在阅读史书时，无法得到这方面的重要历史知识，也无法引起社会的广泛关注和投资研究，并取得突破性进展，难以获得社会的广泛关注。一旦瘟疫再次爆发，人类社会的国家、世界猝不及防，损失重大。这就证明：史书不记载或"点到为止"式的记载这种自然的历史是不对的，是仅把历史看作是人类社会之历史观点的局限性造成的。这种局限性的史学观及史书发挥了较全面地以史为鉴的社会功能了吗？没有。所以，记载和研究它们的学说——历史学就应当全面地包括它们。从理论认识上讲：在发展人类社会历史学时，也要发展自然历史学！从事实上看：自然历史学以往不是没有，如公元1世纪古罗马帝国历史学家老普林尼著述的《自然史》，它包括天文、地理、医学等；又如20世纪英国历史学家李约瑟著述的《中国科学技术史》，叙述中国自古以来的科学技术发展；再如当代中国历史学家王鸿生著述的《科学技术史》叙述人类从远古石器时代一直到宇宙飞船的当代。但以自然为对象的历史学或以自然科学技术为对象的历史学比起以国家为对象的历史学之发展是不够的。自然历史学和人类社会历史学一样不仅需要记载、反映对象的历史发展过程，而且也需要研究得出对象的历史发展过程规律的科学结论，同样有吸取经验教训的共性。进入生态文明时代，对自然及自然科学的重视应在各个国家的政策上和所有人的思想上行动上得到重视。史书反映这些，促使各国在制订国民经济计划和科学研究与技术研发计划时，相对于农业、工业来说，更加重视生态业。生态业像工业那样包含着许多部门，除了环保业，还有医疗预防业等与生态文明时代有关的行业都属于这一大类的范畴。需要指出的是，无论是属于社会科学的人类社会历史学，还是属于自然科学的自然历史学，它们之间的关系是不能截然分开、完全不相联系的，因为它们的研究对象——人类社会的历史发展与自然界的历史发展是互相影响的，历史上人类的有些战争胜负就与自然环境有关。如208年中国的赤壁之战中，曹操军的战船被孙权军放火烧毁，损失惨重，这与当时从东南方向西北方刮的大风有关，风助火势，火乘风势，致使曹军大败；又如222年夷陵之战中，因盛夏天气十分炎热，刘备移军至茂密的树林中，东吴军抓住机会用火攻，烧毁了刘备军在树林中的连营，致使刘备军大败。自然环境在冷兵器时代，被军事家们列为战争取胜的重要因素，即天时、地利、人和。在这三者中，自然因素占了两者，足以见其重要性。战争是这样，有的国家的消亡也与自然环境有关，如公元前2世纪，张骞通西域时，楼兰国是丝绸之路上的一站，城中商铺林立，贸易繁荣，是绿洲之地。谁知由于人们为建城中的宫殿房屋，长期以来大肆砍伐周围的树林，并将北部自然流动的河水改道引向"方便"使用的南部，致使河水变成死水。结果几百年后，到5世纪时，沙漠吞噬了整个楼兰国，楼兰国的宫殿房屋安在？至今只留下些残垣断壁在沙漠中依稀可见，留下考古学家们考察研究该国历史的课题。因此，以今天全面性历史学的观念来看，在编写人类社会的国家或地方发展史书时，是应考虑到这种自然因素对社会历史发展的影响的，不是回避不写，也不是一笔带过，而是列为一个方面着重写。因此，如果在写史书与研究历史中不写清楚这些对人类历史产生重大影响的自然历史，那么这样的史书就是有遗漏的、不全面的，没有发挥全面的以史为鉴的史学功能。因此，历史学既是社会历史科学，也是自然历史科学，它们之间是相互联系影响的。这样的历史科学能够给人们提供全面地看待历史的科学观。

因此，历史学具有对历史表面现象的感性认识、对历史发展规律的理性认识、对历史进行褒贬评判的是非观的认识和跨学科看待历史的全面观认识之特征。以上所说的基础性历史学、应用性历史学、道德性历史学和跨学科性的历史学，都体现了历史学的价值：这就是永恒记忆、以史鉴今、以史育人、全面观史。

既然历史学的对象"历史"具有广义与狭义之分，那么，历史学也就有广义与狭义之分。

广义的历史学，是指记载、反映与研究自然界、人类社会等一切物质以往发展过程的学科及学说。例如"地球历史"就属于历史学中的自然历史学的范畴；又如"人类种族发展史"是历史学中的人类历史学的范畴。可以说，广义上的历史学对象是包罗万象的。简言之，历史学分为两大分支：人类历史学与自然历史学。当然，所有这些学说都是人类创造的，只是研究的对象不同。记载、反映和研究自然史，有助于人类自然科学的进步发展。自然历史学是广义上的历史学中两大类之一。长期以来，历史学界（指人类社会史）不少专家仅以人类社会为对象来认识、界定历史学，这显然已不符合我们这个科学技术高度发达的生态文明时代对历史学的要求了。因此，历史学是人类社会的"历史学"的定义存在着过去时代的局限性，应当进入一个历史学既是人类社会、也是大自然等一切事物的历史学定义的新阶段了。

狭义的历史学，是指记载、反映与研究人类的发展经历、人类的社会组织、人类创造的一切物质与精神成果以及个人以往的发展过程的学科及学说，简言之，是人类对自我经历的认识之科学。现今国内外盛行的历史学是站在国家、政党、民族的角度的历史学，局限于中国历史学，或世界历史学，即我们通常所说的历史学。这里所说的"狭义"是就范围而言。尽管"狭义历史学"是指人类的历史学，但其规模却是很广阔的，涉及人类劳动生活、社会活动等各个方面。人类历史学基本可分为：按行政地域有世界史、国家史、地方史（省、地、县、乡、村史）等地域史学；按人类体质进化史，从猿人、古人、新人，进化到现代人的人类体质进化史学；按组织，有宗教史、政党史（包括执政党史与非执政党史）、军队史等组织史学；按人类创造及从事的学科，有科学技术史、数学史、医学史、文学史、历史学史、哲学史等学科史学；按行业，有农业史、工业史、商业史等行业史学。随着科学技术的发展，新产品、新产业、新行业层出不穷，于是，也就产生了互联网发展史、手机发展史、网络动画发展史等新行业史学；按人类生活现象，有婚姻史、妇女解放运动史、禁毒史等生活史学。历史学的发展呈现越来越细化的趋势，不断出现更多的行业化历史学、学科化历史学、生活化历史学等。总之，人类历史学是广义上的历史学中两大类中最重要的一大类。

历史学的表现方式，从几千年来人类写下的汗牛充栋、浩如烟海的历史书来看，可以概括划分为几种类别。一是详细地记载物质以往发展的具体过程，如人类历史学中的古代中国历史学家司马迁著述的《史记》、班固著述的《汉书》等史书；古代希腊历史学家西罗多德著述的《历史》、修昔底德著述的《伯罗奔尼撒战争史》等史书（在翻译过来的世界各国的历代史书中，除西方的较全面外，其他各大洲，包括文明古国都寥寥无几，这是目前我国史学界有关世界史资料的遗憾）。这类史书在长达千年以上的古代，无论在中国，还是世界不少国家都是很多的，它们重在记载和反映历史发展的具体表面现象，还有近代以来产生的照片史册、电影纪录片、电视纪实片。根据这一特点，我们可以称其为"历史形象学"。二是简略地记载物质以往发展的过程，全面叙写历史原因、特点及其发展规律。如中国近现代历史学家范文澜编著的《中国通史》、现当代历史学家崔连仲主编的《世界通史》等；再如生于加拿大、后入美国籍的历史学家斯塔夫里阿诺斯著述的《全球通史》等。这类史书重在通过对历史发展基本过程的叙述之上进行对原因、特点与发展规律的理性分析从而得出科学结论。根据这一特点，我们可以称其为："历史规律学"。三是论述对历史及历史学的认识，如中国唐朝的历史学家刘知几所写的《史通》、现代历史学家白寿彝著的《史学概论》、近代德国哲学家兼历史学家黑格尔著的《历史哲学》、近现代意大利历史学家克罗齐著述的《历史学的理论和历史》等。这类书属于对历史和历史学进行探索、概括和总结的理论书，起着指导记载、反映和研究历史及历史学进步发展的作用。根据这一特点，我们可以称其为"历史学理论"。

因此，明确了历史学具有记载、反映对象表面现象的历史发展过程的特性，具有研究并得出对象的历史特点及发展规律的科学认识之特性，具有对人类社会历史的道德褒贬与价值评判的特性，具有跨学科性，即既是社会科学，也是自然科学的特性；明确了历史学不仅具有狭义性，而且具有广义性的科学定义；明确了历史学的表现方式有"历史形象学""历史规律学"与"历史学理论"后，我们的意识中就不会把"历史学的任务"仅仅局限于中国历史或世界历史或地方历史等方面，也不仅仅局限于人类社会中，甚至还不仅仅局限于以一种类型的史书就全面完成了对历史的记载与反映，而是将历史学扩大到自然界等所有的方方面面；而是要以多种类型的史书完成对历史的全面记载和反映；而是要促进建立健全相应的记载、反映和研究这些方方面面物质以往发展过程的各类历史学部门，无论是社会科学中各种科学史的研究部门，还是自然科学中各种科学史的研究部门；无论是在宏观的，还是在微观的，以推动我们高科技发达和生态文明新时代的历史学在各个方面的全面深入发展,从而推动整个社会新文明时代的进步发展。

总结前述:什么是历史学?历史学是记载、反映与研究物质以往发展过程的科学;历史学有广义与狭义之分,广义的历史学是指记载、反映与研究自然界、人类社会等一切物质以往的发展过程的科学;狭义的历史学是指记载、反映与研究人类社会、人类创造的一切成果以及人类组织,乃至个人以往的发展过程的科学。而我们经常所说的历史学,是指中国历史学、世界历史学。生态文明新时代的历史学是涵盖社会与自然两大类科学、具有广阔对象的历史科学。历史学的特点是具有对历史表面现象的感性认识、对历史发展规律的理性认识、对历史进行褒贬评判的是非观的认识和跨学科看待历史的全面观的认识。历史学的表现方式有历史形象学、历史规律学和历史学理论。

第三章　历史学的产生与三个发展阶段

人类认识事物的过程，一般是从表面现象获得感性认识，这是认识的第一阶段——感性认识阶段；当对表面现象，特别是其突出的部分，进行反复多次的接触，形成印象、概念，并据此做出推理判断时，认识就上升到对事物本质的、内在的、局部的理性认识，这是认识的第二阶段——基本性的理性认识阶段；当事物的所有方面都充分展示，对理性认识形成全面性的印象、概念，并据此做出推理判断时，特别是在实践中证实认识不是部分的正确，而是全体的或大部分是正确的、不断完善的时候，就进入到认识的第三阶段——全面性的理性认识阶段。这就是人类认识事物的一般规律。人类的历史学已经产生了几千年，其发展经历及其在各个阶段的特点正是符合人类对事物认识的这种发展规律的，客观上呈现出历史学经历了从农业文明时代的感性历史学阶段，到工业文明时代的理性历史学阶段，再到今天生态文明新时代正兴起的既反映感性历史、又反映理性历史的全面性历史学阶段。

（一）农业文明时代的感性历史学

1. 农业文明时代历史学的产生

任何科学的产生都有它的原因，在众多的原因中最基本的就是人类社会生活的需要与实现这种需要所具备的条件。历史学的产生就是人类社会发展到文字产生之后，人们意识到：过去的事情如果不用文字记载下来，时间长了就会忘记，特别是三代以后，就没有人知道事情的真相了，只能像文字产生前那样靠"结绳记事"或人们解释不清的神话或零星的、不断"添油加醋"的、一代又一代传说的故事。而文字记载的保留，就可以传下去，让后代人看到当时的人是怎么记载的，这种记载而又流传下来的文字、文章乃至书籍，就标志着历史学的萌芽，它比起神话传说留给后人的是更真实记载的历史。从此，历史学便逐渐取代了过去人们靠口头传说留下记忆的主要方式。可以说历史学一开始就体现了它真实性的品格。从事这一职业并做出杰出成就的人，便被人们称为历史学家，或简称为史学家。如果没有历史学，人类与其他动物何异？没有人类社会代代传承的、连贯的记忆，也就没有代代相承的人类社会的高度文明。世界上最古老的文字是距今5 000多年前产生的埃及、两河流域、印度、中国的文字，以及稍后些的希腊文字（随着考古发掘和研究的进行，文字产生的时间有提前的趋势）。文字的产生是国家在文化上的必备条件之一。文字在传达统治者的命令、政策以及颁布稳定人心的法律布告等方面起着至关重要的作用，文字在建立和巩固国家政权方面的作用与武器的作用是互相配合、相得益彰的。在世界各国各民族最早的历史记载中，都经历过记载传说的神话时期，以后才逐渐进入记载人的历史时期。古代的统治者热衷于将自己统治的国家及其功业记载下来，永世流传。于是，国家便建立记史的部门，督促史官将历史记载下来。最初记载的是最重大的、最值得纪念的事件，比如关系到全国所有人命运的战争，胜利了更要记载；以及关系到国家走向和命运的帝王更替等大事。但最初的记载都是单独的、零星的、不连贯的，例如中国遗存至今的最早的历史学政论文集《尚书》，记载有周武王讨伐殷纣王前对推翻其暴政的誓词，有祭祀祖先的仪式等内容的篇章。这就是历史学的萌芽阶段。随着时代的发展和人类的认识进步，记载历史进入了连贯地记载历史的时期。根据《世界历史》的记载，大多数文明古国的史学发展都经历过零星地记载历史与连贯地记载历史的两个基本阶段，但却是不同步进行的。在世界上最古老的国家之一的古埃及王国，流传下来的最早历史记载产生于第五王朝（约公元前2494—前2345年），即公元前25世纪，距今45个世纪多，有4 500多年。据流传至今的文献可知，从它开始就有了记录各朝国王的名字、统治年限及在位期间所发生的大事件，这就是编年体"大事记"，其中一个历史记载的片段一直流传至今，它保存在意大利所辖地中海上的西西里岛帕勒摩城的博物馆里，被称为"帕勒摩石碑"①。碑上刻写记载了从"前王朝"即第一王朝至第五王朝（约公元前3100年—前2345年）②的简史，第一王朝距今有51个世纪多。古代两河流域，即幼发拉底河和底格里斯河地区在公元前20世纪左右，产生的若干小国也留下了历史记载，其中最有代表性的是《苏美尔王表》。"表"相当于大事记，从"王权自天而降"开始记述，到每一位国王统治国家的年限、国都名称等。到公元前1800年至前1600年之间的大国古巴比伦王国，产生了《巴比伦编年史》，记载了十一位国王，其中就有后世熟知的汉谟拉比国王在位统治（前1792年—前1750年）42年的历史。在世界各文明古国中，印度是个例外，它的国家历史很长，但却没有留下对历史专门的文献记载，对历史的反映是在文学诗歌中或一代又一代人的口头零星传说中，直到近代英国殖民者入侵后，才有印度人写的历史书及历史学，不仅比其它文明古国的历史学产生晚得多，而且比后来中世纪时期的许多王国都要晚。在我们中国遗留下来的文字记载中，历史上从西周周厉王时期（公元前841年）就有了大事记的历史记载，可以说在世界各国各民族中最早产生的史书文体形式就是防止被遗忘的、按时间顺序记载史实的"编年体"大事记，大事记成为以后各时代都沿用的史书体例，是永恒的史书体例；到公元前8世纪至前5世纪的中国春秋时期，连贯地记载历史的编年体史书《春秋》《左传》等相继出现，表明中国历史学的产生。《墨子·明鬼》中说作者读过周、燕、宋、齐等国的史书；《孟子·离娄下》中也说作者读过"晋之《乘》、楚之《梼杌》、鲁之《春秋》"；后来西汉历史学家司马迁在《史记》中编写了十几个国家的年表，有周、鲁、齐、晋、秦、楚、宋、卫、陈、蔡、曹、郑、燕、吴，他就是根据春秋时期中央王国周以及各诸侯国记载的史册进行历史年表

---

① 周一良、吴于廑：《世界历史（上古部分）》，人民出版社1962年版，第38页。
② 周一良、吴于廑：《世界历史（上古部分）》，人民出版社1962年版，第39页。

（大事记）编纂的。可见春秋时期各国都有记载国事的太史，都有自己的国史。说明这一时期不仅是中华民族发展史上思想文化的诸子百家争鸣时代，而且也是中国历史学产生的时代。当然，在长期的国家变动与消亡中，有些历史记载的铭文及著作被毁灭了，没有能够流传下来。在中国最有名的就是秦朝初年，秦始皇组织的"焚书坑儒"；还有楚霸王项羽的火烧阿房宫，也焚烧了宫中的不少书籍。这种现象在世界上也有不少，往往是异国的入侵者为了征服占领国，毁灭该国书籍，从文化上奴役该国人民，使之忘记故国历史。如本书前面提到的亚历山大在征服波斯帝国后，下令军队将该国的文典书籍通通扔进大海里，以至于波斯早期的历史典籍遭到空前的毁灭，当西方历史书中将征服东方的亚历山大大帝称为"伟大英明的君主"时，波斯后世的历史学家在著作里满怀悲愤地把亚历山大写为"可永世诅咒之人"①。当然，文化的传承、历史的记忆不是几个独裁者、侵略者就可以彻底断绝的，还是有流传下来保留到今天的一些历史记忆、历史铭文和史书，它们成为历史书中的幸存者。在中国的有《尚书》《春秋》《左传》《国语》《战国策》等，还有一部至今发现最早的通史性的历史书《竹书纪年》，它是战国时期魏国人著述的，当时并没有流行于世，而是作为魏襄王墓葬中的陪葬品，到晋朝时期发掘墓葬时被发现。由于埋葬年代久远，出土时有少部分竹卷已破损，但从大部分没有破损的竹卷来看，这部书是叙写从黄帝，经夏、商、西周至战国魏襄王年代的历史，即战国后期的史书，是目前发现的中国最早的一部以编年体记载历史的通史性历史著作，比司马迁以纪传体著述的通史性著作《史记》还要早。比《竹书纪年》稍微晚些的另一部通史性的历史书是战国末期赵国的史官作的《世本》，也是记载从黄帝至战国末期的赵国，是目前发现的一部中国最早的通史性史书之一。更难能可贵的是，从后世史家引用该书的情况来看：《世本》的结构有"帝系""本纪""世家""传""谱"

---

① 王晴佳、李隆国：《外国史学史》，北京大学出版社2017年版，第104页。

"居"（都城宫室）"作"（典章制度）等，由此可知，司马迁是在吸取类似史书的基础上，才拟定《史记》一书的结构"本纪""表""书""世家""列传"的。遗憾的是《世本》一书有部分散失了。人们常说：中华文明是从古至今不间断的文明。其中历朝历代不间断的历史学史书的记载起了至关重要的作用，可以说厥功至伟！在世界上，西方最早的历史书有公元前5世纪的古希腊历史学家希罗多德著述的《历史》；修昔底德著述的《伯罗奔尼撒战争史》等；在稍后的罗马时代有李维著述的《罗马史》；还有老普林尼著述的《自然史》，这是世界上最早的自然史书，它包括天文、地理、医学等。西方历史学的开创者希罗多德说自己写《历史》的目的，就是不因年代久远而使已发生过的历史湮灭无闻。连贯地记载历史的史书产生，标志着历史学的正式产生。有了连贯的记载历史的历史学，才使人类的历史记忆得以较完整地延续。通俗些说：历史学的基本作用就是给人们"长记性"，不仅是给一代的人长记性，而且是给世世代代的人都长记性。从这个意义上我们可以说，历史学就是人类的"永恒记忆学"，这就是历史学的产生对人类文明记录和发展的伟大意义。

2. 农业文明时代历史学的特点——感性历史学

历史学产生于农业文明时代，从它产生的时候起，"实录"，即实事求是地记录历史就成为记史者、统治者和百姓公认的史书原则。不过当时的实录就是忠实地记载历史发生的具体的表面现象，即世界各国的历史学观念都处于对历史现象进行忠实地具体地记载的阶段。这是符合人类对事物的认识规律的。人类认识事物，包括对历史的认识，开始只是看到表面现象，各个事物之间的外部联系，这是认识的感性阶段。农业文明时代人类的认识正处于对许多具体事物的表面现象或许多局部的、具体经验的阶段。因此，反映在历史学上，流传下来的许多历史书中也多体现形象化的语言叙述、描写历史事件的具体过程和历史人物具体活动的情景，如战争厮杀的惨烈场景，谈判桌上唇枪舌剑、钩心斗角的场面，人物的表情外貌、言谈举止、高矮胖瘦、性格特征等，史书中充满着一个又一个的历史故事；在史书体例上出现便于一以贯之地叙写人物生平活动的"纪传体"或描写完整性故事的"叙事本末体"。当时的史官或历史学家的史学观念及职责就是要忠实地记录或经整理后记载历史发生的具体情境过程，把真相写成史书呈报给皇帝或国王，呈报给高级官员，让地方官员知道，让普通的平民百姓了解，把历史的真相留给后世的人们。这种充满历史故事的、形象性的、让读者获得感性认识的历史书在中国乃至世界历史上都是很多的，这说明农业文明时代的历史学属于感性历史学。实际上传统史书可以说就是今天的历史文学，基本的大方面是真实的，细微之处有文学的描绘创作，以文学的形象性语言叙述描绘历史。历史文学的真谛在于艺术地再现真实的历史场景，使枯燥的历史往事变成生动活泼的历史故事，从而使读者愿意看、受感动。历史写得好就成了引人入胜的故事，就成了使人欣赏的优美文学。古代的历史学史书与文学结下不解之缘，成为"近亲"。所以，传统史学家就是文学家。历史文学当然是建立在历史真实的基础上的，形象地描述历史是感性历史学史书的首要特点。

农业文明时代的感性历史学史书主要是对国家历史的记载，而对国家历史的记载主要体现在对执政者历史人物活动的记载。如中国的司马迁确立的纪传体史书《史记》包括"本纪""表""书""世家""列传"，从一开始就把帝王的世袭作为正统的"本纪"加以记载，辅之以王侯的"世家"和文武大臣等的"列传"，成为以家天下体制为特征的中国历朝历代的正统史书。从司马迁一生的信念和遭遇来看，他不是一个阿谀奉承之徒，而是一位品德高尚、学贯古今、矢志不移的伟大历史文化的创造者，他确立纪传体史书体是出于他对历史的认识，即历史是人创造的，写历史就要写人，写出一个个具体的有名有姓的人，特别是写出对国家发展有决定性影响和重大作用的人物，写出他们影响国家历史进程的一件件具体的事实。这种对历史的认识及对历史记载的实践，不仅为几千年来历朝历代的史官及历史学家们所认同，而且也为平民大众所接受，更重要的是被历朝历代家天下的帝王统治者们所赞同。但统治者们的认同不是出于像司马迁那样对历史认识的认可，而是出于他们的统治利益。还可以这样说：司马迁确立的纪传体史书不仅为后来的历朝历代的汉族建立的国家政权的统治者修史所沿用，也为少数民族建立的全国性政权的统治者修史所沿用，如元朝修的《宋史》《辽史》《金史》与清朝修的《明史》等，而且还影响到周边国家的历史学。如朝鲜公元11世纪70年代至12世纪50年代的历史学家金富轼著述了《三国史记》，越南13世纪30年代至14世纪20年代的历史学家黎文休著述的《大越史记》等，这些史书都是纪传体，同被视为各个国家的"正史"。这说明各民族的史学家在对历史学的认知上、感情上是相同的。"纪传体"成为中国古代正统的"二十四史"的史书体例。其中的许多历史故事又是以同样留存下来的国家历朝历代的帝王"言行录""起居录""御前会议录"等档案史料或国家"实录"资料为根据写的。不是像文学小说故事那样是作者无须以档案史料为依据的主观创作。我们这里举一下中国古代历史书是如何形象性地记载历史的。如《史记·项羽本纪》在写项羽与刘邦的两军交战时，项的楚军屡次被刘的汉军断粮道，项羽怒不可遏，遂将刘邦家乡的父亲刘太公抓来，绑在烧有炉火的油锅旁边，叫刘邦出来对话。司马迁是这样记载的：

  当此时，彭越数反梁地，绝楚粮食，项王患之。为高俎，置太公其上，告汉王曰："今不急下，吾烹太公。"汉王曰："吾与项羽俱北面受命怀王，约为兄弟，吾翁即若翁，必欲烹而翁，则幸分我一杯羹。"项王怒，欲杀之。项伯曰："天下事未可知，且为天下者不顾家，虽杀之无益，只益祸耳。"项王从之。①

---

① 〔西汉〕司马迁：《史记》，韩兆琦译注，中华书局2010年版，第751页。

读《史记》需要互相阅读佐证，结合以上叙说的历史，还要读刘邦等其他人的传记，才能全面了解所叙述的历史。这段文字大意是：当楚汉相争之时，彭越听从刘邦的谋略在梁地屡次断绝楚军粮道，成为项羽的心腹之患。于是，项羽在刘邦的家乡将他的父亲刘太公抓来，绑在烧有火炉的油锅旁边，叫刘邦出来在两军阵前对话。项羽对刘邦说："现在你不答应我的条件，我就立刻烹杀你的父亲！"刘邦却说："想当年你我都是受命于怀王、北面称臣，同约'结为兄弟'的，这件事天下人都知道。既然我们俩是兄弟，那么我的爹爹就是你的爹爹，你现在却一定要烹杀老爹，那就请你分一杯老爹的肉汤给我品尝吧！"项羽想不到刘邦满不在乎，气得暴跳如雷，就要把刘太公丢进油锅里。他身边的大臣项伯劝道："现在争夺天下的大事都不知道将来会怎样发展，况且打天下的人向来都是不顾惜家人性命的，就算杀了他爹也不能得到什么好处，只能增加他对我们更深的仇恨和今后给我们造成更大的祸患。"项羽便听从了项伯的意见，没有把刘邦的父亲刘太公丢进油锅杀掉。这段历史故事触目惊心，生动刻画了项羽与刘邦之间的斗智，本来项羽将刘邦的父亲绑在油锅边，做出准备随时丢进油锅中杀死的举动，以此来要挟刘邦做出军事上乃至政治上的让步，是居于主动地位的；一般人都是要做出让步，恳请对方不要杀害自己的父亲。但刘邦不仅一眼看穿了项羽以人质作为要挟条件的目的，而且看透并掌握了项羽的心理及性格发展逻辑。用现在的话来说，刘邦是一位高明的心理学家，他不像一般人那样祈求对方不要杀害自己的父亲，愿意让对方开出条件，那这样主动权就完全掌握在项羽的手里，如果答应了，那么不仅这一次让步，以后步步都要让，那刘邦如何与项羽争夺天下？于是，刘邦偏偏不给项羽这种心理优势，做出满不在乎、毫无亲情、心狠残忍的样子，居然说想要喝自己亲生父亲的肉汤。一下就使项羽的威胁计划落空，犹如一记重拳打在了软软的棉花上，没有效果。刘邦一句话就解决了危机，反客为主，变被动为主动了；加之项羽身边又有一个刘邦的心腹项伯在帮刘邦说话，毫无主见的项羽就放弃了杀刘邦父亲的念头。刘邦并非不爱自己的父亲,他的经验及做法是符合后来人们所总结的辩证法的,即越求对方越救不了父亲,越不求对方,反而救了父亲。《史记》这段以项羽杀人质作为要挟和刘邦满不在乎化解危机的故事,形象地呈现了两个历史人物的心理与智慧。使读者如见其人、如见其景,将项羽的心狠鲁莽、毫无主见与刘邦的机智狡诈、流氓无赖的形象展现在读者的面前。这一则故事无疑刘邦胜了,为以后刘邦最终战胜项羽埋下了伏笔。又如司马光编的《资治通鉴·晋纪》中记载道:

> 羊祜归自江陵,务修德信以怀吴人。每交兵,刻日方战,不为掩袭之计。将帅有欲进谲计者,辄饮以醇酒,使不得言。祜出军行吴境,刈谷为粮,皆计所侵,送绢偿之。每会众江、沔游猎,常止晋地,若禽兽先为吴人所伤而为晋兵所得者,皆送还之。于是吴边人皆悦服。祜与陆抗对境,使命常通:抗遗祜酒,祜饮之不疑;抗疾,求药于祜,祜以成药与之,抗即服之。人多谏抗,抗曰:"岂有鸩人羊叔子哉!"抗告其边戍曰:"彼专为德,我专为暴,是不战而自服也。各保分界而已,无求细利。"吴主闻二境交和,以诘抗,抗曰:"一邑一乡不可以无信义,况大国乎!臣不如此,正是彰其德,于祜无伤也。"①

这段文字的大意是:晋国的大将羊祜从江陵回来后,致力于树立道德信义使弱小的吴国人归顺的方略。他每次率军与吴国军交战,都要约定时间才开战,不搞突然袭击的战术。他的手下将领中有想进献诡诈计谋的,羊祜总是给他喝醇厚的美酒,使他酒醉不能说话。羊祜行军走到吴国境内,割了谷子作为口粮,全都计下所取的数量,然后送去丝绢偿还。每次聚集部众在长江、沔水一带打猎,经常只限于晋

---

① 〔宋〕司马光:《资治通鉴》,〔元〕胡三省音注,中华书局1956年版,第2525-2528页。

国的领地，如果禽兽先被吴国人所杀伤而后被晋兵所得，都要送还给吴国人。于是，吴国边境的百姓对羊祜的晋军都心悦诚服。羊祜与吴国的大将陆抗在边境对峙，双方的使者奉命常往来，陆抗送给羊祜的酒，羊祜喝起来从不生疑；陆抗重病，派人问羊祜有什么良药，羊祜把配制好的现成药品送给他，陆抗也立即服下。许多人谏阻陆抗，陆抗说："怎么会有用毒酒杀人的羊祜呢？"陆抗对守边的士兵说："他专门行恩德，我专门作恶，这是不战而自己屈服了。现在双方各自保住疆界罢了，我们不要想占小便宜。"吴国国君听说双方边境交往和睦，就用此事责难陆抗，陆抗说："一邑一乡都不可以不讲信义，何况大国呢？我不这样做，正是显扬了羊祜的恩德，对羊祜毫无损伤。"以上仅举两例，已可足见：中国传统史书记载历史皆是用形象化的描写叙述方法。这种感性历史学的形象化写史方法在中国从公元前 8 世纪的春秋时期一直延续到 20 世纪初的清末，有近 3 000 年的历史。

那么，在世界上同样居于农业文明时代的西方古代历史学史书又是怎样记载历史的呢？我们来看一看作为欧洲乃至整个西方文明摇篮的古希腊的史学源头，公元前 5 世纪历史学家希罗多德所著并流传至今的西方第一部史书《历史》，这里举其中记载的一个发生在国王身上的故事为例：

> 国王坎道列斯非常宠爱自己的王后，常向自己的亲信侍卫巨吉斯夸耀王后的美丽。一次，他对巨吉斯说："巨吉斯，王后不仅长得花容月貌，而且身体肌肤也魅力无穷！我单是向你赞美她的美，你不会相信。你来看看她裸体时的样子，就清楚啦！"巨吉斯惶恐地说："国王陛下，恕我直言！您说的话太过荒唐，要知道，一个女人脱掉衣服时，她所拥有的羞耻之心也一同脱掉了。我们应当遵从祖先贤明的教诲，做自己本分的事情。我承认王后绝色无双，但求您不要叫我做这种越轨的事。"坎道列斯却说："别害怕，巨吉斯。我不是要以此来试探你的忠诚，你的女主人也不会

使你受到什么伤害。你预先躲藏在我的卧室门后,当我进卧室睡觉时,她会跟着进来,她脱衣服时,你可以偷偷地看她。等她背朝你走向床时,你就趁机悄悄地溜出去。"巨吉斯无奈,只好从命。当晚,他来到坎道列斯的卧室偷看,但还是被敏感的王后发现了。王后立刻猜到是她丈夫做的,但她装作什么也没看到,心里却在盘算着要对她丈夫进行报复。因为按照吕底亚人的风俗,被人看到裸体是奇耻大辱。第二天,她派人把巨吉斯召来,对他说:"你面前有两条路,一是你把坎道列斯杀了,然后成为我的丈夫,取得王位;二是我把你杀了,因为你看到了我的裸体!"巨吉斯听过之后,茫然失措地站在那里,讲不出一句话。过了一会儿,他恳求王后不要让自己做这样为难的选择。但他发现王后态度坚决,恳求没有任何效果,他只能选择一条让自己活命的路。于是当晚,巨吉斯趁坎道列斯熟睡时杀死了他,夺了王位,娶了王后。[①]

  以上是希罗多德在《历史》中记载的一个较为完整的国王易位的历史故事,让读者看到了国王、王后、侍卫三个人的言谈举止、性格表现与故事的起因、发展和结局,给人留下了具体深刻的印象。它说明:将自己心爱的宝贝展示于人前是危险的。其历史教训是值得吸取的。我们再来看一下公元2世纪的古罗马帝国时期,曾任皇宫档案室的掌管官吏兼记史史官的苏埃托尼乌斯所写的史书《罗马十二帝王传》,其中对暴君卡里古拉的叙写也很具体形象,由于文字较长,这里只作概略性介绍:罗马帝国暴君卡里古拉残暴无情地谋杀了自己的义父提比略而夺取了皇位,却在公众面前声泪俱下地颂扬被自己杀害的义父即前任皇帝的丰功伟绩,并予以厚葬;他强行与自己的姊妹乱伦,并公开娶自己最喜欢的妹妹德鲁西拉为合法妻子;这个暴君卡里古拉常在亲吻自己妻子的脖子时,变态地说出虐待狂徒般的话:"我想什么时候切断这个脖子,就能什么时候切断!"当德鲁西拉忧郁病死后,卡

---

① 希罗多德:《历史》,王以铸译,有删节,商务印书馆1959年版,第4-5页。

里古拉丧心病狂地下令全国为"皇后"哀悼一个季度，在此期间禁止人们说笑，更可笑的是禁止人们洗澡，甚至禁止人们同自己的父母亲、妻子、子女一同进餐，违反者要被处以死刑。卡里古拉疯狂地忌妒除自己之外被人们称道的人和事以及文化经典作品，他下令销毁《荷马史诗》，并禁止传播诗人维吉尔和李维的作品。就连观众为取胜的角斗士欢呼时，他都要当众发怒，病态般地忌妒观众给角斗士的欢呼和赞誉超过了给身为皇帝的他……史学家苏埃托尼乌斯正是通过对卡里古拉的这一桩桩触目惊心之事的具体描述，如实地反映了罗马帝国历史上的暴君卡里古拉的残暴无情、寡廉鲜耻、虐待狂般的变态心理，给后世留下了令人十分憎恶的暴君形象及其事例。这种感性历史学的形象化写史方法在西方从公元前5世纪沿用至公元17世纪近代工业文明产生前，达2 000多年，即使在中世纪历史学演变成神学的历史学，也脱不了以故事的形式呈现，如欧洲国家出现的史书《教皇列传》。在阿拉伯帝国时期（9世纪30年代至10世纪20年代），历史学家塔巴里著述的编年体史书《先知与帝王史》就有不少故事。这些都体现了对历史感性认识的形象史学。在史书体例上，古代东西方各国的史书大同小异，不外乎"编年体"大事记、"纪传体"人物传，还有不少"篇章体"，类似中国传统史书的"叙事本末体"，一个篇（章）写一个完整的历史故事。这种"篇章体"与后来近代流行的体现理性认识的"章节体"史书的体例是不同的。

因此，在农业文明的古代，无论是中国还是外国，都出现了感性史学以形象化的语言叙述描写历史事件的具体情节、历史人物的具体活动（或神学中的上帝神仙）的具体言行的写史方法。这就是农业文明时代记载历史的史书的基本特点，说它是基本，因为史书中还有一部分是"年表"（即大事记）与有关天文、地理等资料性的实录部分，西方史书中还有对历史的探讨。总之，形象化的写史方法是农业文明时代忠于历史现象记载的感性史学认识观念的体现。这就是为什么我们今天看到的古代历史书有那么多故事或者说古代的历史书内容大部分是故事的原因。说明当时人类对历史及历史学的认识处于"感性认识"阶段,这是"历史学的幼年时期",感性形象历史学成为历史学的第一个阶段。

当然,在农业文明时代,历史学虽然注重于记载历史现象,也产生了对历史和历史学本身发展的认识和理论研究,如公元前 2 世纪古罗马共和国的历史学家波里比乌斯不仅写了《通史》,而且对历史学做了深入的理论思考和回答。他认为:"历史学的本质就是对人们过去活动的真实记录和解释;历史学的任务及目的就是实现真实的记载和为需要的人提供经验教训和行动的指南。"他明确指出:"在历史作品中,真实应当是凌驾一切的!"[①]波里比乌斯强调在写史中"不仅要真实地再现过去,而且还要写清楚历史发生的真实原因"。这在 2 000 多年前的历史学家中是难能可贵的,其史学思想闪烁着不朽的光辉!公元 7 世纪至 8 世纪,中国唐朝的历史学家刘知几所著的《史通》,系统地对传统的史书做了点评,提出了写史的史家须具备"史才、史学、史识"。"史才",指著述史书的才能,含组织史料,用字词准确,较好地表述历史的才能;"史学",指有全面丰富系统的历史学史书等知识;"史识",指对历史有符合背景条件发展的见识和对史料的鉴别能力。18 世纪,清朝的历史学家章学诚所著的《文史通义》,对传统历史学、方志学做了许多精当的述评,提出史家还须具备"史德"的品行,即实录、忠于史实的精神等。这些对中国的传统史学起到了极其重要的促进作用。

农业文明时代感性历史学形象史书具有明显的长处,就是使读者比较清楚地了解历史发展的具体过程,故事多、不枯燥、可读性强,相对而言较吸引读者。但同时也存在着一些史书记载历史过程中有些具体细节不完全真实的问题。这类历史形象类的史书表明著者对历史的认识是在表面现象上,这是当时农业经济为主发展基础上的文化思想认识的时代局限性所决定的。当然,我们是不能苛求古人对历史的

[①] 郭小凌:《西方史学史》,北京师范大学出版社 2011 年版,第 62 页。

认识上升到理性科学的高度的。农业文明时代历史学的局限被后来工业文明时代的历史学所弥补。

（二）工业文明时代的理性历史学

1. 工业文明时代历史学的发展及特点——理性历史学

历史学和万事万物一样是不断发展变化的，其变革主要体现在思想和形式。近代历史学的理性认识思想是从意大利的文艺复兴开始的，而理性写法的形式最终形成于英国工业革命兴起之后和法国启蒙运动的进行之中。

在世界发展史上，14世纪的意大利产生了思想文化解放的"文艺复兴"运动，反对基督教神学禁锢西方思想文化，复兴古代希腊、罗马的文化艺术，提倡解放人的思想和个性的人文主义，不仅复兴着文艺，也复兴着体现人的科学文化思想，当然也复兴着历史学，实则在复兴中进行着新的探索，到16世纪文艺复兴发展到欧洲其他国家。这一运动为资本主义社会的到来和工业革命的产生在思想文化上打下了基础。在史学领域，史书的思想内容是人文主义的，也就是说从思想上是叙写以人为中心而不是以神为中心的历史，开始了近代化的行程；但在史书的表现形式上依然有古代农业文明时代形象史学的特点，以描绘的写法逼真地反映历史，这里有一个延续古典写法的原因，就是历史学家写人的历史本身就是要"复兴"古典史学，因而在表现手法上也就自然而然地继承了古代希腊、罗马的史学传统。这说明文艺复兴时期的历史学史书的写法依然处于感性史学的阶段。在近代欧洲，最早的大学课程分为"七艺"：语法、修辞、逻辑、算术、几何、音乐、天文，其中历史学从属于"修辞"。这正如15世纪后期至16世纪前期的德意志历史学家亨利·阿格里帕所说："史学就是要彰善瘅恶，用生动的描述，以时空为框架，为我们展现以往重大事件的教训、过程和结果及君主和贵族的功绩。由此缘故，几乎所有人都承认历史是人生之师,并从中获益。"①历史学史书写法的真正革命是17世纪的近代工业革命和自然科学技术的发展引起的。近代工业文明时代,作为经济基础之上的上层建筑文化的组成部分,历史学发生了一次翻天覆地的根本性变革,人类在对生产中的许多现象及具体经验不断总结的基础上产生了普遍经验及其规律性认识,认识促成了近代科学技术的产生,促进了工业革命的兴起,使技术性产品得以批量生产,小手工业发展到机械工场,又发展到机械化大工厂,生产力发展突飞猛进,大大超过了农业文明时代。探索一切自然规律的科学思想和技术进步所产生奇迹的影响,推动着人类思想认识上的理性历史学产生,即人们已不满足于仅仅认识历史的表面现象,产生了对其特点、性质、根本原因、发展规律等了解的渴望,历史学家们应时代与读者的需求,产生了对历史发展的本质、内在联系、全体性上的理性认识的写法,如16至17世纪的法国历史学家弗朗所瓦·保都因、让·博丹和拉·波佩利艾尔都认为:"历史学必须增强研究性,不能只追求措辞华丽。"②到17世纪末法国历史学家皮埃尔·贝耶尔编著出版了《历史和批判词典》,这部词典以人物传为主。此后,历史学在西方不再作为修辞学的附属,而成为一门独立的学问,即以理性的认识及叙述的笔法记载和论述历史。由于重视对历史的理性认识,著述历史书就不只是历史学家的事,思想家、哲学家也纷纷加入进来。因此,工业文明的近代研究历史和历史学的理论大大超过了农业文明的古代。近代历史学家们不仅涉及对于历史规律的论述,而且还全面深入地涉及历史学本身的理论研究,从而产生指导历史学发展的学说,这就是"历史哲学",即本书前面"历史学的表现方式"中所提到的"历史学理论",这类历史理论及哲学也成为历史学的重要组成部分。从此,这种在历史过程中寻找特点和规律及著书模式的研究就称为"历史哲学",如18世纪的启蒙运动时期,意大利历史学家维柯于1725年出版《关于各民族共同性的新科学的原

---

① 王晴佳、李隆国:《外国史学史》,北京大学出版社2017年版,第163页。
② 王晴佳、李隆国:《外国史学史》,北京大学出版社2017年版,第191页。

则》，他把历史学称为"新科学"；四十年后的法国思想家、哲学家兼历史学家伏尔泰于 1765 年发表了一篇名为《历史哲学》的论文，他写道："要用哲学的睿智和眼光来观察历史！"随即他在著述的史书《路易十四时代》中体现了这一治史思想。与此同时，英国历史学家爱德华·吉本著述了《罗马帝国衰亡史》，不仅用传统的描写手法叙写历史，而且把近代观察历史的理性认识写进了史书，使传统史学对历史的感性认识进入到近代对历史的理性认识的史学阶段。到 18 世纪后期德国的历史哲学家赫尔德撰写《人类历史哲学的思想》，他认为："历史是有发展规律与发展统一性的，历史是循序渐进的过程。"①之后，德国的哲学家黑格尔对世界历史进行了哲学的研究，写成了《历史哲学》一书，其思想对历史学也产生了影响。19 世纪英国史学家巴克尔在他的历史著作《英国文明史》中认为："史学的重要任务就是发现规律，像自然科学那样。"②更有甚者，一些西方历史哲学家将对国家历史变化成因的研究冲出了对具体国家、具体时代的局限，上升到对所有国家、所有时代历史变化的根本原因及一般规律的研究。将国家作为自然科学的研究对象那样，抽象出来，站在哲学的高度，给历史学记载历史带来了根本性的变化。在近代，使历史学产生变化的思想家、哲学家中影响最大的是马克思和恩格斯，他们在许多著作中将创立的辩证唯物主义用于对人类社会历史的研究，从而创立了历史唯物主义，使历史成为较完整的科学。他们总结出国家、社会发展的基本原因及其规律，正如列宁所说的："以往的历史理论至多是考虑了人们历史活动的思想动机，而没有研究产生这些动机的原因，没有探索社会关系发展的客观规律性，没有把物质生产的发展程度看作这种关系的根源。"③这就是生产力决定生产关系，经济基础决定上层建筑；而生产关系又反作用于生产力，上层建筑又反作用于经济基础。这种理性史

---

① 郭小凌：《西方史学史》，北京师范大学出版社 2011 年版，第 193 页。
② 郭小凌：《西方史学史》，北京师范大学出版社 2011 年版，第 193 页。
③《列宁选集》第二卷，人民出版社 1995 年版，第 425 页。

学书写出的不仅仅是国家统治者制定政策和法令的具体的、直接的原因，而且还有这种思想动机产生的社会根本原因及其历史发展的根本规律，即统治者不是随心所欲地制定政策和法令，是根据经济发展及其基础之上的政治形势的发展变化而制定；国家的政治、军事、经济、文化是相互作用的，经济是基础，政治是经济的集中反映，军事是政治、经济的有力保证，文化是为政治、军事和经济服务的；政治反作用于军事、经济、文化，文化又影响着政治、军事和经济。人们要从事政治、军事、经济、文化等一切活动，首先要吃穿住用行，这些所需的物质生活条件都是广大人民创造的。因此，从根本的意义上来说，历史不再完全是帝王将相贵族在创造，其根本的创造者是人民大众，在此基础上，历史唯物主义认为历史人物个人在历史上是有作用的。马克思、恩格斯还根据人类社会历史的发展，将社会形态划分为原始社会、奴隶社会、封建社会、资本主义社会、社会主义社会、共产主义社会，成为历史唯物主义的组成部分，影响了近代以来的历史学、政治学、哲学等，乃至世界历史发展的进程。

因此，近代历史学是经历了14至16世纪的文艺复兴、17至18世纪的工业革命及启蒙运动的探索，才逐渐形成的。其理性思想开始产生于文艺复兴，理性的书写方法到17世纪末至18世纪才确立，完成近代化成熟的行程；到19世纪，近代历史学理论和史书理性写法的历史学著作不断涌现，标志着近代理性史学发展达到高潮。

近代史学的史书写法特点是什么呢？简言之，就是透过现象写出本质。这就是从感性认识阶段发展到理性认识阶段，即历史学从第一阶段的农业文明时代的感性历史学，即"历史形象学"，发展到第二阶段工业文明时代的"理性历史学"，即"历史规律学"。首先，这种理性历史学史书一般以近代某种科学观为指导，如进化论、唯物史观等。其次，以社会制度的演进来划分历史阶段，改变传统史学史书以朝代变更来划分阶段。再次，从写史的角度而言，近代以来的史学史书多从社会结构的角度来写，即从政治、军事、经济、文化的相互作用影响的科学认识来写，将历史事件、历史人物纳入社会结构的整体系统之中；将传统史学史书中以家天下为中心的角度、执政者所处理的历史事件、制定的制度政策的具体事例的写法废弃。另外，在具体写法上，所采取的"以叙史为主、论史为辅、史论结合"的方法，力图体现人类社会的国家、政党、民族等历史发展的原因、基本过程、结果、特点、发展规律和历史意义等，强调写出历史的本质，强调历史学要像自然科学那样真实，而不像传统史学那样写历史就像写历史故事。近代史学史书是以通过简述历史过程加上议论（论从史出或史论结合）明确地写出历史发展的根本原因、发展特点和规律为宗旨。最后，在史书的结构上、全书的逻辑上，即体例上，用体现大范围下的小范围、小范围下的子系统、子系统下的专条目的结构来写，如"第一编"——"第一章"——"第一节"——"一、"——"（一）"——"1."——"（1）"等，以这种"结构"来体现理性认识严密的逻辑关系；这就是"编章节目体"的史书结构，简称为"章节体"史书体例。从近代至今，这种章节体史书一直是各国广泛采用的史书写法。

在中国，进入晚清时期，西方的理性史学及其著述史书的方法也传了进来。改良家、思想家兼历史学家梁启超于 1902 年在近代报纸《新民丛报》上发表《新史学》的历史论文，他在该文中激烈地抨击了旧史学史书"《二十四史》乃二十四姓之家谱，是知有个人而不知有群体"[①]，他呼吁"史界革命"，倡导"新史学"，他以近代西方"物竞天择、适者生存"的社会进化论作为治史的指导思想，认为历史是不断进化的，"历史者，叙述进化之现象也，叙述人群进化之现象也。"他这里所说的"历史"就是指经人著述的史书中的"历史"。梁启超的《新史学》标志着我国近代批判传统史学、主张理性新史学及基本理论的产生。近代中国理性史学的第一部史书就是与梁启超交往密切的历史学家夏曾佑编著的《中国古代史》（原名《最新中学中国历史教科书》），它以

---

① 瞿林东：《中国史学史纲》，北京师范大学出版社 2010 年版，第 469 页。

近代进化论的观点为指导,在表现形式上用"章节体"编写,将中国古代史分为上古、中古、近古三个时期。近代理性史学之所以否定传统感性史学,除了认为传统史学只停留于表面现象的记载因而不能认识历史的实质外,还有一个重要的原因就是与西方近代史学的共性,即要在政治上否定史学为帝王家天下世袭制服务,因此,称古代史书是"帝王家谱"。要推翻帝王家天下专制制度,就必须要否定过去记载历史的写法,如梁启超在《新史学》论文中大声疾呼:"呜呼!史界革命不起,则吾国遂不可救!"他把史学改革及其影响提高到关系国家政权变更的高度。1919 年五四运动前后,在中国又产生了马克思主义史学,马克思主义理论家兼史学家李大钊著有《史学要论》,极力介绍和主张中国应以马克思和恩格斯创立的辩证唯物主义与历史唯物主义来观察历史。1929 年,郭沫若在《中国古代社会研究》一书中写道:"对于未来社会的期待逼迫我们不能不生出清算过往社会的要求。"体现了近代中国历史学家们强烈的民族忧患意识与想改变国家落后的急迫心情。中国近代这些史学新观念及其目的与西方启蒙时代的思想家、史学家推翻君主专制欲建立新的社会制度的思想是相同的,是要以历史批判之"矢",去射现实社会之"的",为否定旧社会而否定旧史学,为建立新社会而建立新(理性)史学。近代以来,中国史学的指导思想从进化论到唯物史观,前者形成于 20 世纪初;后者形成于 20 世纪 20 年代,30、40 年代继续发展;中华人民共和国成立后,唯物史观成为我国史学的指导思想,得到广泛深入的发展。产生了以唯物史观为指导,以"章节体"为记史体例所编著的许多版本的《中国通史》与《世界通史》,供广大读者和各高校作教材之用。

2. 工业文明时代理性历史学的长处与局限

无论是其他国家还是中国,自近代以来,理性地记载历史成为工业文明时代的历史学史书的显著特点。同样是受着近代以来自然科学技术的影响,除了以理性的写法记载历史的特点外,在西方还有一个重要的历史学特点，就是记载与研究的范围大大拓宽了，各类学科、各门技术、各行各业的史书纷纷出现。19世纪英国历史学家弗里曼著述的《建筑史》、经济史学家罗格斯著述的《英国农业和价格史》、20世纪英国科技史学家李约瑟著述的《中国科学技术史》，就是这方面的代表。这种写法在世界上从17世纪开始、在中国从20世纪初期开始。这种理性史学所著述的历史书弥补了古代史书对历史的理性认识不足的缺陷，比起传统历史学的形象性史书确实在理论认识上大大前进了、提高了，使主要作为记载的历史学上升到具有理论性的高度。这种科学地记述历史的理性历史学成为历史学的第二个阶段。

但这种理性史学却导致不少史书不是论从史出，认真分析史料，进而归纳出符合具体历史实际的规律，而是或多或少地出现"以论代史"，把历史当作著者心中哲学普遍原理的例证，使读者在史书中只看到历史事件的基本进程、重要人物在历史中作用的定论，只看到历史的特点、规律在符合逻辑地进行"推演"，却看不见在行动的生龙活虎的人物故事。这种理性史书的写法拉大了历史丰富具体的知识与广大读者之间的距离。近代以来的历史书对于普通大众来说往往枯燥乏味。不少史书概念化，特别是地方史书，全书甚至没有几个历史人物的名字，这还叫"人类的历史"吗？以至于从内容上看，很难定位这类书究竟是历史书还是历史哲学书或是历史政治学书。有的史书合自己观点的史实就写，不合自己观点的史实就不写。那么，当后人读到这种"以论代史"的史书时，掌握的历史发展具体过程及其知识，与在此基础上形成的历史认识是何等的片面与局限？因此，这种概念化的史书走到了极端，既不能给人赏心悦目的阅读快感，事实上也不能启人心智，起不到明显的教育感化人的作用。

近代以来这种丢掉历史的具体细节和记忆的做法，不仅为中国的广大读者所质疑，而且在近代的西方也备受质疑。如18世纪后期启蒙运动时期的德国历史哲学家赫尔德在《人类历史哲学的思想》一书中，尖锐地批评许多启蒙学者著述历史是"过分注意抽象概念而忽视历史生动多样的具体存在的特点"。①到20世纪后期,西方史学也出现了呼唤传统叙述史学"复归"的声音,体现了人类需要了解历史中形象的需求。但收效并不明显,因为存在没有在理论上驳倒近代理性史学完全排斥传统感性史学的极端性错误。

从20世纪以来自然科学的发展来看:近代以来人们坚信的原理、规律并不是完美无缺的;许多科学技术的发展已表现为对基本原理和规律的突破,自然科学家们不会坚持或捍卫某种现成的理论,相反他们却欢迎对现有理论的不断修正,不断更新,不断接近真实发展的客观规律,使理论不断接近完善。这种思想也影响着历史学家们,一个历史学发展的新阶段正朝我们走来。弥补工业文明时代历史学局限的生态文明时代的历史学种子正破土而出、茁壮成长!

(三)生态文明时代的全面性历史学

1. 生态文明时代全面性历史学产生的原因

工业文明的发展成果给人类社会生活带来巨大的便利。但正如世界上万事万物的发展规律一样,当发展到高潮过后,必然要出现低潮。而人类社会工业文明发展的这种"低潮"不是发展慢下来,而是人类社会的新要求和发展方式在一定程度上否定着工业文明发展"高潮"所带来的负面影响,即工业发展产生的越来越多的废物、废气、废水,在不断恶化着人类居住的环境,甚至在不断影响着人们的身体健康,在逐渐违背着发展工业的初衷。于是,人类认识到工业的发展不全是长处,也有不足。解决由工业发展高潮带来的负面影响的要求产生了,即工业不能以破坏环境和牺牲人们健康的身体,甚至牺牲生命为代价去继续"高速"发展,那样最终又要治理环境,不仅没有发展快,反而使发展慢下来。人类在实践中迈出了治理和保护环境的生态文明新

---

① 郭小凌:《西方史学史》,北京师范大学出版社2011年版,第193页。

时代的步伐。在生态文明时代，不再提 20 世纪 50 年代最响亮的口号"人定胜天"了，而是提倡人类社会与大自然的和谐相处，现在的口号是"绿水青山就是金山银山"。这是一种以不破坏环境和人们健康身体为前提的发展理念，这是一种以不破坏传统的历史文化为前提的发展理念，这是一种以不破坏未来进步为前提的发展理念，这是一种以不破坏其他植物动物生存为前提的和谐的、全面的发展理念，这是随着时代进步的科学发展观，是新时代进步的发展理念。

　　人们不仅生活在自然的环境里、经济的社会里，而且生活在受政治领导的国家至上的时代里，生活在受本国军事保护或受外国军事威胁的时代里，生活在受本民族思想文化影响的环境里。思想文化是行动的指南，思想文化既有继承性，又有随着时代发展的适应性、创造性。思想文化的适应性、创造性是一个国家、民族进步的重要动力，而思想文化的适应性、创造性是建立在实事求是的思维方法的基础之上的。因此，要在思想上认识到实事求是的重要性，即便是过去感性基础上的理性认识，也必须经过一个在实践中检验的过程，从而进入到正确的、高层次的理性认识，即对于过去反复论证的科学经典结论，也要拿实践的效果来衡量。有些理性认识在实践中得到了完全的或基本肯定的结果；但有些理性认识在实践中却没有得到基本肯定的结果，这时就需要重新审视原先的理性认识，将它修正为符合客观的实践，重新丰富和提高理性认识。人类对事物的认识过程就是从感性认识的基础上发展到基本性的理性认识，又发展到更高层次的全面性的理性认识。如像过去我国大学、中学开设的政治经济学长期认为：社会主义制度的经济是"计划经济"，资本主义制度的经济是"市场经济"。然而几十年发展下来，推行市场经济的资本主义发达国家人民的生活往往比社会主义国家富裕，其国家整体经济实力的发展速度也比社会主义国家快。于是，实践教育了我们，重要的问题还不仅仅在于认识，而是在于应用在实践中推进客观世界的改造，这就是"知行合一"、不断完善的思想和做法。市场经济利于竞争，可发挥人的积极因素，"实践是检验真理的唯一标准"重新唤醒了我们,我们开始改革开放,吸取了资本主义制度中促进发展经济的合理部分,与社会主义制度中适合本国国情经济的合理部分相互形成"融合经济",即社会主义市场经济,有中国特色的社会主义经济,使我们的经济发展也步入了"快车道"。同时,社会主义国家以公有制为基础的主体经济,可集中力量办大事的优势并没有丢,人民的生活水平有了较大的提高。社会主义国家越南在看到中国改革开放卓有成效后,于20世纪90年代也开始进行改革。在对外开放的国际经济中,2013年,中国国家主席习近平提出建立"丝绸之路经济带"和"海上丝绸之路"的倡议,简称"一带一路"倡议,迅速得到大多数国家的积极响应,该倡议推动着中国的改革开放向更高更广更深的阶段发展,促进了相关国家的经济互利发展。相应于此,习近平倡议建立"人类命运共同体",通过互利共赢的"一带一路"合作之路去推进,去逐步实现;文化上提倡文明互鉴,互相学习,互相包容,共同促进世界人类的和平发展。当今世界许多国家赞同这一思想,经济全球化、政治多极化、文化多样化成为发展趋势。

以上所述的高科技和生态文明时代及其自然环境、经济、政治、军事与文化发展特点的时代,需要相适应的、新的、全面性的历史学产生。所谓"全面性历史学"就是历史学家和历史工作者所著的史学史书,既要使读者获得历史的感性知识,又要使其获得对历史正确的、理性的、全面性的认识。

2. 生态文明时代感性与理性共同反映的全面性历史学的特点

文化是对自然、经济、政治、军事等的全面的反映和探索。作为文化的组成部分,当今的历史学就是建立在生态文明时代的基础之上、建立在不同社会制度之间相互竞争又互补融合的基础之上、建立在多边主义与单边主义共存并较量的时代基础之上,并体现其特点与探索的历史学。这种新时代的历史学有哪些特征呢?

首先,史学观念更加长远宽广。在研究历史和著述历史学史书著作时，主流观念体现在两个方面：一是将历史、现实、未来联系起来的历史"纵向思维"的发展观念。虽然在写过去的历史，不一定要写现在，更不必写将来，但在思想意识上，在下笔写过去时，要将其与发展的结果、现实、未来联系起来，或者说要埋下历史后来发展至今的"伏笔"，以较准确地体现历史的发展规律和走向。二是将所写对象的历史与同时存在相关联的其他对象的历史联系起来的历史"横向思维"的全面观念。联系不仅指人类社会中不同主体之间、不同活动之间的联系，而且也指人类社会发展与自然界变化之间的联系。使研究与所写的历史著作眼界开阔，较准确地体现历史发展的多种影响和全面性。

其次，史学史书内容更加全面丰富。如在写地方史时，就有必要适当地联系全国同时期的历史进程，使读者了解地方史的全国大背景与产生的来龙去脉，知其所以然。从而更准确地体现本地与同时期各地历史发展中的特点、价值和历史方位。在写中国历史时，就有必要适当地联系其他国家在同时期的历史进程特点，使读者不仅了解中国在世界历史发展中的突出特点、价值和历史方位，而且了解中国对人类社会发展的观念和价值主张及其思想文化在世界历史发展中所起到的成效。又如在写地方社会经济发展时，就不只写出产值利润和领导者的决策以及劳动者的辛勤劳动等，更要写出这种社会经济是建立在对过去经济体制的继承或改革对比的基础上的发展，还要写出这种社会经济是建立在何种自然地理条件基础之上的发展，还要写出这种社会经济是建立在保护自然环境和人民身体健康前提下的发展。以体现出自然地域对经济发展的影响及其地区经济的特色所在，以体现出生态文明时代经济发展的全面性观念。在著述国家或地方社会经济发展的历史时，注重对自然科学技术的发展、引进、应用的叙写；注意写到重大自然灾害对人类社会的危害及其特点，而不是忽略不写或"点到为止"式地一笔带过。尽管是写过去的历史，也应体现出史学随着时代发展进步的科学发展思想观念。

再次，史学史书形式更加多样。这是历史学长期发展和对比思考的结果，是科学技术发展与史学相结合的结果。由于史学观念最终要落实到史书著作中，因此，笔者将它作为本书的核心问题，故在下面就史书形式多样性这一问题，做较为详细的论述。当我们进入高科技和生态文明时代，面对古代农业文明时代史书感性的形象性的写法缺乏理性认识、面对近代工业文明时代史书理性的规律式的写法缺乏感性形象具体过程，促使我们不能不对新时代史书的写法做这样的考虑和探索：如前面对"工业文明时代的理性历史学"所述，当近代理性历史学在理论上批倒了传统的感性历史学，并待之而起之后，在世界经过300多年，在中国经过100多年后，其著述史学史书的实践，却出现了这样一种情况——近代以来所写出的这类理性历史学的史书在专业人士中有市场，但在广大读者的阅读与谈论中，包括在中小学的语文教科书中却难以与传统感性的形象史书相匹敌。这不是说近代以来没有出现《历史人物传》《历史故事集》等形象性的可读性较强的读物，而是史学界在编著完章节体史书后，没有把相应的历史人物传、历史事件集作为正史的组成部分来继续将它们著述完成。但广大的读者是相信正史的权威性、正规性、真实性的。于是，这些《历史人物传》《历史故事集》仅仅作为正史以外的辅助读物，其真实性被大打折扣。实践教育了我们，在正史中传统的形象（感性）史书的写法是不能被轻易否定的。近代以来充满着理性的史书，如果连大众都不喜欢阅读，那么它还能充分发挥"以史育人"和"以史鉴今"的作用吗？农业文明时代与工业文明时代对史书的写法不同，体现了两个时代对历史和历史学的理解不同。形象化的写法和理性化的写法，究竟哪一种写法好呢？站在今天生态文明时代来看，应当说：各有价值，各有千秋！

历史学近代发展的实践证明：理性尽管比感性科学，但它不能代替感性细节；规律尽管比表象深刻，但它不能代替表象感情。而人类不仅要正确地认识历史实质，同时还要保留自己一代代的先辈们留下的印记和真挚的感情。人类的历史不仅是过去人们的事迹，也包括过去人们的思想、感情及其表达方式。丢掉了形象化的写法，就丢掉了历史上人们的感情及其表现形式，也就不是完整的历史了。20世纪初的德国哲学家艾德尔班在所著的《历史与科学》一书中，对近代理性史学将史学的目的定于探索、归纳、总结历史特点和规律上，指出："这等于割断了史学的特殊性！"[①]历史学既需要找出历史的规律性，也需要而且首先需要记载反映历史的形象，因为人类是有感情的最高级动物。因此，人类的历史学又从近代的理性认识阶段进步到理性认识基础上的更高层次的符合实际情况的、正确的理性认识阶段，即感性与理性共同反映的全面性历史学阶段。今天世界各国的历史学观念忠于历史及其真实记载反映与研究历史的精神已进入或正在进入到多角度、善包容、全方位地观察、记载、反映和研究历史的阶段。因为社会发展，特别是人文科学的发展在经历一段相当长的时期后，即经过了历史的沉淀和检验后，在实践中的发展效果并非完全像原来所设想的那样。于是，人类对历史和历史学的态度不应以绝对"正确"来简单否定绝对"错误"的方式方法。因为历史学的发展事实教育了我们：全面的、包容的精神和态度方法，才是对历史的真正负责，才是科学地忠实于历史，才是真实地记载与反映历史。

  当然，事物发展总有特殊性。世界上优秀的章节体史书既体现了近代以来所倡导的理性史学，也体现了传统史学中展现重大历史事件及历史人物的具体细节和人物的性格。如德国历史学家、文学家蒙森因著述《罗马史》而荣获1902年度的诺贝尔文学奖，颁奖词中写道："蒙森，当今世界上最伟大的历史写作巨匠，这特别体现在他的不朽巨著《罗马史》上……"[②]蒙森的《罗马史》史料充实而不烦琐，条理清晰而不单调，议论自然卓越却又深入浅出，文字绚丽多彩却又平易近人，为古代罗马共和国时期的历史描绘了一幅完整的、光彩照人的画

---

① 郭小凌：《西方史学史》，北京师范大学出版社2011年版，第293页。
② 郭小凌：《西方史学史》，北京师范大学出版社2011年版，第258页。

面。他的史书是传统叙述史与近代理性史学相结合的成功典范,自从在西方问世后,不仅得到专业史学家的肯定,而且深受广大读者的欢迎。像这样同时得到专家和普通读者喜爱的史书还是不多的,该书也多次再版并迅速被译为多种文字,成为后来古罗马史研究者的必读参考书。蒙森的史学成就说明:史学的专业化与文字的艺术化表现并不矛盾,而是相得益彰! 1996年,笔者得到湖北省武汉市编著的一本史书《风雨兼程大武汉》,是以章节体写的中华人民共和国成立后四十五年来武汉市的建设与改革史,地方虽小,但将史学理论、历史唯物主义与历史事实、人物的典型细节结合起来写,既有宏观历史叙述,又有微观细节描述,堪称佳作! 为此,笔者在通读全书后,情不自禁地写出了书评,寄给他们,该书评刊于1998年《武汉党史》第一期上,标题是《楚天豪情话春秋——评〈风雨兼程大武汉〉》,这篇文章就体现以上观点。笔者在20世纪90年代初期写的微观史学小册子《贵阳抗美援朝运动史》也努力将传统写法与近代理性史学相结合,其中写出了一百多个有名有姓的人物。虽是一个地方的历史事件史,但自2012年连续发表于地方文史《人文贵阳》后,受到读者的好评。因此,今后章节体的史书仍然需要探索如何写进历史的参与者的事迹及其细节、事件的具体情节。这是经过一百多年来人们对史书著述的反复比较逐渐得出的结论。

  时代与读者需要这种科学与形象结合的史书,本书称之为"融合体"或称"历史文学体",即长久流传在读者中的"历史纪实文学",它以科学理性为魂、以真实史实为内容、以章为结构、以形象性语言叙写具体历史进程,在起承转合和结论上有科学语言做穿针引线的交代和画龙点睛之理性结论。如改革开放以来出现的军事史作家王树增根据史实编著的《长征》等史书。这种史书在宣传历史上功不可没,但被史学界长期拒之于史学门外。本书认为它在实际上已成为继编年体等体例之后的新体例,它与传统以文学语言记述的其他体例相比,有科学理性寓于其中,科学性也是衡量有些历史纪实文学作品能否成为史学作品的尺度。融合体作为一种新体例，在史学界大有可为。

从生态文明时代全面性的历史学观念看，近代以来往往仅以大事记、章节体两种史书反映历史是远远不够的。其实，《史记》由本纪、表、书、世家、列传所体现的互相补充与印证的著史思想已给我们启示，将文本史书的编年体、纪传体、叙事本末体、章节体、融合体等体例的合成，加上图片史集、影视史纪实片等共同记载反映同一历史，就可编著制作出适应时代需要的全面性"新史书"。在高科技时代已有这样的条件。

为了全面地记载和反映历史，表现于形式上的就是既要继续发展近代以来的理性史学的"以叙史为主、论史为辅、史论结合"的著史方法，也要继续探索历史理性认识、具体史实与文学水乳交融的的著史方法，还要复兴传统史学的形象性记载方法，即用"编年体""纪传体""叙事本末体"等传统史书体例共同记载历史。生态文明时代的历史学家对历史的忠实，体现在既重视反映形象历史，又重视述评理性历史。如果说近代理性历史学所著述的历史书弥补了传统感性历史学史书理论性不足的缺点，那么，我们也可以说：今天生态文明时代我们恢复传统的感性历史学史书的写法也可以印证理性历史学史书中具体史料的不足。近代史上历史学家们针对的家天下制度在中国和世界上许多国家早已推翻，今天复兴传统形象性的感性记载历史，已经丝毫没有复辟帝王家天下的思想和目的了，而是就历史学本身发展的客观规律和广大读者的需要而进行；还有今天我们提出复兴传统形象性地记载历史时，并不是对过去的"之乎者也"文言文、古文的"复兴"，而是以现代的书面语言形象性地记载历史，继承的是传统史学形象性地记载历史的"实录"精神，站在今天科学、民主的角度，从而更好地发挥史学"以史为鉴""以史育人"的功能，同时更好地发挥历史学的存史功能。在人文社会科学领域，不要认为近代以来出现的"新生事物"一定是在所有的方面都比过去传统的"先进"，都可以完全取而代之。无数事实告诉我们：每一种事物，哪怕是新生的事物都有它的局限性，过去传统的事物必有它的可取性；先进的有不足，过往的优点未必全消失。实事求是地、全面地、辩证地看待否定与继承和发展的关系，才是恰当的、正确的做法！因此，把历史学以上两个发展阶段的"历史形象学"与"历史规律学"进行不排斥地、互相印证地全面反映，就是历史学发展的新阶段。使各写好各体，相互补充，在正史的宏观上合成为统一的史书。也就是目前我们所处的这个生态文明新时代的必然要求与提倡及发展的新历史学，这就是感性历史学和理性历史学（或者说历史形象和历史规律）共同反映的全面性历史学。一部当代完整的历史书，与其他科学著作相比，多了人物的形象感情与具体事例；与文学作品相比，多了理性科学的逻辑与结论。

科学技术的发展，如照相机、电影、电视、互联网等的产生与越来越广泛的应用，极大地吸引着人们。人们的需求是随着社会的变化而变化、发展而发展的。当所处的国家遭到外敌入侵或国内发生内战时，人们渴望着赶走侵略者或结束内战，实现国家统一、安居乐业；当国家社会遇到困难时，人们渴望着极大地发展生产力，实现吃饱穿暖的目标；当丰衣足食时，人们渴望着提高生活质量和居住环境。同时，人们的需求又极大地刺激着社会的不断发展进步。1977—1978年，国内话剧一度复兴，走向辉煌。但随着改革开放，国内引进印度、日本、欧洲的电影电视剧后，话剧不可挽回地走向了衰落，尽管话剧界的剧作家、导演和演职员们尽心尽意，却都无法挽回话剧走向衰落的颓势。不是剧本不好，也不是导演不好，更不是演员不好，而是因为观众更愿意看影视剧。同理，20世纪，当照相机被广泛应用后，特别是当电影、电视发明与广泛推广传播之后，记载历史的新工具产生了，从而推动历史学开始了史学新阶段的行程。经过一个世纪的发展，到21世纪，我们不仅从实践上，而且从理论上，进入全面性地记载、反映和研究历史学的时代，这就是"生态文明时代形象与规律同时反映的全面性历史学"的阶段。在这个高科技时代，对于历史学，人们已不仅仅满足于在书上读到历史，而且也希望看到历史留下的真实的永恒瞬间——历史照片集；希望听到历史留下的真实的永恒声音——历史录音集；希望看到历史留下的真实的永恒活动的形象——历史纪录纪实片集。在互联网时代，人们更是希望看到网络形象动画史集等，这是科学技术的三维空间在史学记史上的反映，科学技术的发展促使历史学产生"全方位"的历史书，这就是与时俱进的全面性的历史学观念的体现。这些科学技术的产生与越来越广泛的应用，极大地冲击着历史学家和历史工作者对于历史记载工具的思考。"历史照片集""历史录音集""历史纪录纪实片集""历史互联网动画集"等记载和反映历史的技术的可行性，加上传统的文本历史书本记载历史，历史学记载与反映历史进入到全方位的阶段，并给予历史学的观念和做法以巨大的冲击。这是客观体现历史的全面性发展时期，这是全方位地记载反映历史正越来越成为生态文明新时代广大读者、听众、观众的要求，也是历史学家、历史工作者著述历史书的必然的发展趋势及其新的主要特点。进入这一阶段，笔者认为：记载历史的史书体例就是在探索中最终必定要确定的"合成史书体"（简称"合成体"或"组合体"），这种合成体从体例上讲，包括传统的编年体大事记、纪传体人物传、叙事本末体故事集，还有近代的章节体和现代的融合体史书等；从记载反映历史的工具而言，它包括文本历史书籍、历史图片册、历史录放音集、历史纪录纪实片集等；从全面性的历史学观念上讲，其中任何一种体例或表现形式的历史作品完成，都不能称为完成了整部"历史书"，它们所有的部分完成（最基本的要完成书本、图片册、影视史集），才合成为"完整统一、整体分部、全方位的、立体性"的历史书。这表明历史学必将上一个新台阶，走向成熟，体现了记载、反映、研究历史的工作无论是从内容到反映方式的全面性、全方位性。既注重文字意会，又注重影视形象感染力，弥补了感性史学阶段与理性史学阶段各自的不足。我们现在正在走进这一时期，史学史书形式的多样性、全面性，即"历史形象与规律全面反映学"是生态文明时代的历史学的新特点，正成为人类历史学发展史上的第三个阶段。

3. 生态文明时代感性与理性共同反映的全面性历史学之长处和局限

生态文明时代感性与理性共同反映的全面性历史学之长处是什么呢？简言之，它能适应和满足于各行各业、各类文化层次的读者、听者、欣赏者的需要，它能促使历史学向各个领域全面深入地发展，从而推动社会文明的进步。

但与世间万事万物一样，它总有发展的局限。至于它有可能出现的局限性，现在还无法预知，还需要科学技术发展到一定的时刻才能看到。这犹如在几十年前的科学技术条件下，人们根本无法预见几十年后的今天，货币的交易会很大程度上被电子支付所替代，在瞬间就可以完成。若干年后的科学技术也会显现出当前生态文明时代全面性历史学及其史书的局限性的。

无论是古代农业文明时代的感性历史学，还是近代工业文明时代的理性历史学，甚至是当今生态文明时代的全面性历史学，都是各自时代经济、政治、文化的反映，都是应各自时代的生活实践需要而产生的，具有产生的必然性。感性历史学与理性历史学前面已论述，这里着重论述一下全面性历史学。当今世界正处于向政治多极化、经济全球化、文化多样化的方向发展的时期，这就是我们这个世界的时代特点，存在着社会主义与资本主义相融合的"特色经济"，存在着社会主义与资本主义不同的意识形态，存在着不同文明的互鉴、包容。这些反映在历史学上，就需要探索新史学、包容与复兴传统史学的表现形式，需要吸纳新的科学技术的表现形式，这就是生态文明时代的全面性历史学、全方位的历史学史书的表现形式。应当说全面性历史学及其表现形式、全方位的历史书的社会条件不是现在才具备，在20世纪初，因为科学技术的发展提供了这种条件，在编著、制作史书时早已这样零星地进行了。但在史学理论上、在史书实践的整体意义上没有做出系统的总结并形成理论而已。因此，本书正是主动地适应这一要求，进行归纳总结和探索的。可以基本预见并断定：全面性的历史学观念、全方位历史书的完善建立是必然的。当然，其过程与成就不是一蹴而就的，而是需要人们思想观念对全面性史学观念的接受，需要健全相适应的创新发展的组织机构，需要培养相应的人才队伍，需要一个在实践中的摸索时期。道路是曲折的，前途是光明的！

总结前述：历史学产生于文字发明之后；历史学经历了农业文明时代的感性历史学，工业文明时代的理性历史学，到今天生态文明新时代正兴起的感性理性共同反映的全面性历史学的三个发展阶段。它们体现着不同时代的社会经济发展与科学技术条件及在此基础之上的历史学发展的认识水平。

第四章　历史学的目的与精神

　　任何科学的产生与发展都有它的目的，原因与目的既有联系，又有区别。如果说原因是出发的动力，那么，目的就是希望到达的终点。常言道："文以载道。"其实史亦载道。道以史为基础，史以道为目的。任何科学没有目的则没有前进的方向。最初，历史仅仅是记载过去发生的重大的、有纪念意义的事情或人物，历史书的产生，使人类再也不会忘记过去的重大事情了，这是人类区别于其他物种的最显著特点之一。

　　随着历史学的发展，无论是记载历史者还是读史者，都不满足于仅仅是记载历史，还要探讨历史的原因、特点、意义和规律，从而为人类走好今天的路服务。于是，历史学的另一个目的产生了，这就是以史为鉴、以史资政。还有一个是以过去的英雄、仁人志士为榜样，教育今天和后代的人，应当做什么样的人，历史学的第三个目的也产生了，这就是以史育人。这样历史学的目的就清楚了：记载与反映以往的经历使世世代代的人们永不忘记，记载与反映以往的经验教训使世世代代的人们走好今后的路，记载与反映以往的先进人物使世世代代的人们继承他们的优秀品质，做有益于社会、集体、人民、国家和世界的人。历史学的这三个目的在世界各国都是相同的，并且也是适用于当代生态文明时代的自然历史学的。要达到历史学这三个目的可不是轻而易举的事，这就需要达到目的的精神动力。

　　在探索建立历史学的道路上，历史学与其他科学一样充满着艰险。因此，几千年来建立发展历史学的人们树立了历史学的精神，这些精神是可贵的！那么，历史学的精神是什么呢？

　　其一，实事求是的精神。历史学从一开始记载历史就与口头的神话传说相比较，体现了它的真实性。有什么就记载什么，并且将来仍然可见当时的记载，而不像口头传说，随着不断地言传，也不断地"添枝加叶"，到后来的传说与第一次传说的差别已经很大。因此，记载历史从一开始就表明真实就是它的生命。"实事求是"一词最早出自我国东汉时期历史学家班固著述的《汉书·河间献王刘德传》，称赞河间王刘德"修学好古，实事求是"；后来一直被历代的学者和科学家视为做学问乃至做人的准则，特别是在清朝乾隆、嘉庆时期，一度成为史学界流行的口号；到20世纪40年代初期，中国共产党的领袖毛泽东在撰写《改造我们的学习》一文中，对实事求是做了简明的科学解释："'实事'，就是客观存在着的一切事物，'是'就是客观事物的内部联系，即规律性，'求'就是我们去研究。"他将实事求是的学问求真方法引用于认识和指导中国革命实践的方法中来。对于历史学而言，实事求是就是这门科学的本质要求，是历史学对于从事这一流传后世的神圣事业之人的第一品德和精神要求。没有实事求是的精神，就写不出实事求是的史书。公元2世纪，古罗马帝国的历史学家卢基阿努斯在所写的论文《怎样撰写历史》中，针对当时盛行的大唱赞歌的"历史书"，写道："人们忘记了区别历史与颂辞之间的界限不只是一条狭窄的地沟，而是一道巨大的高墙。这高墙不是别的什么，就是真实！"① 文艺复兴时期，意大利历史学家布鲁尼曾指出："如果历史学有用的话，那么它最重要的就是真实！发现、收集并记载就是历史学家义不容辞的神圣使命！"② 在中国，辽代主管编修史书的大臣耶律孟简说道："史笔，天下之大信！"③ 总结几千年来历史学永恒的精神就是实事求是。然而，中外历史学著述中不真实的记史时有发生，不实事求是地记载历史的原因基本上有畏惧权势，这是众所周知的因素；还有以一己之好恶写历史与懒于查找考证将就编写，这是缺乏从事记载历史工作起码的职业道德！近代以来，世界各国无论以什么哲学理论作为指导记载与研

---

① 郭小凌：《西方史学史》，北京师范大学出版社2011年版，第94页。
② 郭小凌：《西方史学史》，北京师范大学出版社2011年版，第134页。
③ 瞿林东：《中国史学史纲》，北京师范大学出版社2010年版，第310页。

究历史的思想，都不能违背实事求是这一史学最基本的原则，否则，史学著作最终将不被广大读者和后世的人所认可。纵观古今中外历史学的发展大势，以客观求实的态度去记载历史，始终是史学的基本精神和人们认同的史学原则。没有实事求是的精神，便写不出可信的历史书，这成为世界上不同时代、不同国家、不同民族的共识。

其二，秉笔直书，不畏强权的精神。古代历史学产生不久，就为各国的国王（或皇帝）记载历史，于是，有的君王或权臣强逼史官违背事实、歌功颂德，或无中生有，或混淆是非、颠倒黑白。但这样的史书是经不起历史检验的，后人不予认可，最终大浪淘沙而归于消亡或被作为后世永久责罚的反面典型。历史学要求记史者秉笔直书，以留给后世人可信的史书，这是历史学可贵的精神。中国历史学创立之时，就有秉笔直书的范例。春秋时，晋国太史董狐不畏权势，记史道："赵盾弑君。"后被孔子赞誉为"古之良史！"有的史官为秉笔直书付出了宝贵的生命，如史书《左传》记载：鲁襄公二十五年（公元前548年）时，齐国国君齐庄公被权臣崔杼指使手下杀害，另立齐景公为国君。对此，齐国太史秉笔直书"崔杼弑其君"，崔见实录后，大怒，将太史绑来，勒令其删去或修改，否则当场斩首。太史面不改色，拒绝修改或删去，引颈就义；于是，崔杼又将太史的二弟绑来，要他删去或修改，太史二弟与兄长同样拒绝改史，也慷慨就义；最后，崔杼再将太史三弟绑来，勒令他删去或修改史书，太史三弟大义凛然，严词拒绝，愿意受死，去九泉之下见两位忠于史实、秉笔直书的哥哥！崔杼气得浑身发抖而又内心害怕，最终还是放了太史三弟。齐国太史三兄弟以生命捍卫了忠于历史、秉笔直书、不畏牺牲的精神！真是愿洒热血写春秋！成为后世中华民族历史学秉笔直书的光辉榜样和历史学不朽的精神！在南北朝的北魏太武帝年间，皇帝拓跋焘下令史官崔浩、崔览兄弟等编著国史，成书三十卷，还特别要求严格按照实情记录。故此书在叙述国家大事时，不隐瞒过失。成书后，崔浩等将包括过失部分的史实刻在石碑上，让过路人阅读。不料拓跋焘大怒，竟下令将崔浩三族共 128 人全部杀害，并废除史官。唐朝历史学家刘知几在《史通·史官建置》特别提到此事，悲愤之极！司马迁在写《史记》时，将汉高祖刘邦在楚汉战争中为自己逃命，几次将儿女推下车去，以及在取得对楚战争胜利后，授意诛杀韩信等功臣上，如实记载；将推翻秦朝起重要作用的项羽立为"本纪"等，这些是冒着很大风险的。不只是这些记载历史的史官和历史学家，就是论述历史理论问题的历史学家都有这种不畏权势的史学精神，如刘知几在《史通·惑经》中对孔子写的《春秋》提出了十二个不解的问题，大胆指出《春秋》中有的历史事件没有记载，对所记的一些人物采取不同的标准，有失公允等。这是冒了很大风险的。唯有实事求是这一原则和精神，这就是历史学家的可贵精神！在世界其他国家的历史学发展过程中也提倡这种秉笔直书的精神，如古罗马帝国史学家卢基阿努斯指出："历史学家唯一的事就是按原样讲述一切历史，真实就是历史学的本质，著述史书的人应当仅仅为真实服务，不应顾及任何其他的东西……唯真是从，是史学的品质，也是历史学家的根本任务和道德准则！"[①]这段话真是字字千钧！不少国家都有这种以身殉职、冒险实录的历史学家。这真是：世界东西南北中，载史直书的史学精神皆相同！善恶必书，恪尽记史之职守，乃历史学家、历史工作者之职业道德！秉笔直书，为后世留下"信史"，就是给后人留下宝贵的精神财富！坚守史学道德的精神是能感动人的，这种感动穿越时空！

其三，隔朝修史、隔代修史，能检验历史的精神。正因为有历代为秉笔直书而以身殉职、壮烈牺牲的史官史学家们血淋淋的事实，一再触动一代又一代的人们思考：如何才能做到既忠于历史，又保住具有高尚品德的史官及史学家的生命？在长期的历史学发展实践中，人们发现即使史官不惧牺牲、秉笔直书以捍卫史书的尊严，史书还是无法避免被当权者改动。因为不怕牺牲的毕竟是少数，再则许多历史在

---

① 郭小凌：《西方史学史》，北京师范大学出版社 2011 年版，第 94 页。

当时没有发展到一定的时候，匆忙下结论未免太早，还需要时间的检验。中国历史学发展史上，由于不断总结修史的经验教训，逐渐提倡并形成了一个传统："隔朝修史""隔代修史"。如东汉的班固编西汉的历史《汉书》；西晋的陈寿编三国的历史《三国志》；五代和北宋时写成唐朝的历史《旧唐书》《新唐书》；元朝时才修《宋史》《辽史》《金史》；明朝编《元史》；清朝修《明史》。"隔朝修史""隔代修史"成为信史之治史原则及制度，终于在唐朝时得以确立，在传统的"二十四史"中有八部史书是盛唐时期所著的，即《晋书》《梁书》《陈书》《北齐书》《周书》《南史》《北史》《隋书》。"隔朝修史"就是已灭亡的前一朝的历史，由后一朝或后几朝的人来写，因为写前朝的好坏，对本朝的政治、军事、经济、思想感情一般没有利害冲突，史官无须以隐晦、献媚的态度去写，一般能够做到对历史实事求是、秉笔直书，史官或史学家也无性命之忧，皇帝也能够接受。如明太祖朱元璋曾训令编修《元史》的史官："元虽亡国，事当记载。……今命尔等修纂，以备一代之史，务直述其事，毋溢美，毋隐恶，庶合公论，以垂鉴戒。"①这样使所著的史书实事求是，留给后世一部真实可信的史书，即"信史"，故历史上又将"隔朝修史"的史书定为"正史"。何为正史？首先它是国家修订的（或经国家认可的史学家编著的史书）；其次它的史实的真实性是经过考证的，并且它的史实及结论是经过历史较长时间检验的，由后一朝对前一朝或前几朝的历史定论之基础上的编著。无论是在史实的准确性，还是历史的结论上都是可信的。中国历代的皇朝即使朝代变更，都强调要续写前朝的史书，因此，中国的历史记载不因前朝的变更而停止，反而是后来的朝代为前面的朝代编写历史，这种隔朝修史的做法成为治史的惯例。因此，历史学史书丰富发达，历史的编写、史书的体例一以贯之地延续下来，这是中国史学的一大特点，中国史书的记载也是世界上各国记载史书中最丰富的国家之一。除了隔

---

① 瞿林东：《中国史学史纲》，北京师范大学出版社2010年版，第357页。

朝修史，唐朝还确立了同一皇朝的后一代为前一代执政编修"实录"的制度，即"隔代修史"，就是在同一皇朝的后一代皇帝的史官编修前一代或前几代皇帝统治的历史，这样做一般来说就不会触怒当代统治者的利益尊严，毕竟过去的已经过去，此一时，彼一时，时代不同了。只要对前一代或前几代皇帝的过失在措辞上含蓄得体，照顾到皇家的体面和情感，当代皇帝不是不能够接受。隔代修史使史官能在一定程度上实事求是、秉笔直书，使所编修的史书能一定程度上成为"信史"也被称为"正本史"。何为正本史？首先它是国家修订的；其次它的史实的真实性是经过考证的；并且它的史实及结论是经过一定的时间检验的，由后一代对前一代或前几代的历史的编修。在史实的准确性上、在历史的结论上代表着国家的当代意识及意志，是正规版本而非民间其他版本的，并在客观上为后面的皇朝写史提供了历史材料基础。这里为什么要指出是"客观上"呢？因为每一个皇朝从主观上都认为本朝会万万年长久下去的。"隔朝修史""隔代修史"成为治史的定制，以后的宋（含辽、金）、元、明、清朝代都继承了这个制度。明朝统治者深知"隔朝修史"与"隔代修史"在成就"信史"上的价值，因此，他们提倡大明"只修实录，不修国史"。也体现了史官与历史学家的普遍认识——即历史需要沉淀，需要经过时间检验，对于历史人物也是这样，需要"盖棺"，才能"定论"，方为妥当。例如明朝末年的大将袁崇焕，本来是镇守东北边关，多次击败后金努尔哈赤与其子皇太极大军进犯的英雄，明朝崇祯皇帝竟然以"谋反罪"下令将其凌迟处死；后来清朝取得天下后，清廷解密是皇太极为除去袁崇焕所使用的反间计，并有密件档案为据，这下清楚了：明朝崇祯皇帝昏庸无能、不识时务、极不明智，误中了敌方的反间计，自毁长城；明朝的一代忠臣良将袁崇焕被冤杀屈死；为袁崇焕"平反"的却是后来取得胜利的敌方清朝。这说明"隔朝修史""隔代修史"这一治史原则的科学性。这也是"隔朝修史""隔代修史"一直沿用到今天的原因。

其四，锲而不舍的精神。历史上有不少历史学家为寻求自己所著历史书的真实性,不畏艰险,跋山涉水,走遍各地,寻访史迹,不断搜集史料,考证真实的历史。如司马迁不满足于前人书中所记载的史料,年轻时就游历许多地方,考察考证与再搜集史迹,为后来编著《史记》打下深厚的基础。希腊的希罗多德也不满足于以往的记载,亲身游历许多地方,收集了不少史实,为编著《历史》打下丰厚的基础。

其五,博古通今的精神。历史学虽然是记载过去的事,但也需要研究其为什么,这就涉及其他学科,如哲学、政治、军事、经济、地理、文学等。只有拥有广博的学识,才可能写得好史书。

其六,吸取最新史学成果的虚心精神。在历史学发展中,由于不断出现挖掘出来的地下历史宝藏,有许多印证了以往的历史书与个人的科研成果,但也有的与后者有出入,这就需要有虚心求学的精神,以修正或补充以往史书乃至自己科研成果的不足,使我们的史学不断得到完善。这种虚心的历史学精神,同样是建立真实全面的历史学所需要的!要具有不断建立发展完成好高质量历史学的使命,没有这种精神是做不到的。

其七,不断采用科学技术最新成果以记载反映历史的与时俱进精神,丰富发展历史学的多种表现形式,以适应时代发展的需要。

其八,史学为人民的精神。为各个阶层、各个文化层次、以后世世代代的所有读者、听者、欣赏者服务的精神,这是史学的精神,也是史学的终极目标。如果说家天下的古代史书是看帝王的满意程度而作的话,那么,我们今天所创造的历史学史书无论从观点,还是内容,甚至是形式,都要看人民认可不认可、人民答应不答应、人民满意不满意、人民喜爱不喜爱。写历史书,不仅是为现实写,也是为将来写,这就是历史学的永恒性。

总之,历史学的目的就是写出"信史"、留下记忆、以史为鉴、以史育人!历史学的精神就是实事求是、秉笔直书、不畏艰险、虚心求学、不断进取、隔朝修史、隔代修史、检验历史、服务人民、献给后世。这是做好历史学的动力源泉,史以弘道!

第五章 历史学的任务

要达到历史学的目的,就需要履行并完成历史学的一个个任务。历史学的任务是什么呢?完成这些任务的基本方法有哪些?既然我们已经进入到一个新的生态文明时代,那么,就不能不从全面性的历史学观念来看待我们今天和将来的历史学任务。

无论是人类史,还是自然史,历史学的第一项基本任务都是记载历史,写好历史书;反映历史,编辑好历史图片集,录好历史声音,摄制好历史影视片,并保存好这些不同形式记载反映的"历史书"。历史学的第二项基本任务就是在此基础上进行研究,分析归纳出可供吸取的经验教训,以史鉴今。正所谓"前事不忘,后事之师",避免重蹈历史的覆辙。历史学的第三项基本任务就是以史育人,将史册上那些为祖国、为民族、为世界、为大众做出贡献牺牲或为科学技术文化文明思想教育做出贡献的英雄豪杰、仁人志士,向广大人民进行宣传教育,使人们向着有益于人类进步、有益于科学技术、文化文明、思想教育的方向有所作为,使祖国不断走向昌盛、民族走向兴旺、社会繁荣稳定、世界和平发展、和谐幸福。写史存史、以史鉴今、以史育人既是历史学的目的,也是基本任务。

(一)记载反映历史,留下永恒记忆

历史学的首要任务是记载与反映历史。主要形式有传统的以文字记载的文字史书和图画描绘的图画史册、有近代的以照片反映的图片史集和录音反映的历史声音集、有现代的以影视反映的历史影片集和互联网反映的历史音像集。并要保存好这些不同种类形式记载与反映的"史籍"。因此，我们就有必要在工作基本程序上进一步对编著、编制这些不同形式的"史书"，做一一考察，现分述如下：

1. 编著历史学的文字史书

（1）编著文字史书的第一道"工序"——搜集史料。

"编著文字史书的第一道工作程序"这个问题也可以这样来问：历史学的第一项基本功是什么？就是搜集历史资料，即搜集所要准备书写、反映的对象的史料。无论写的是人类社会还是自然界，一般来说，搜集的历史资料越丰富越详细越好。因为全面地占有史料，是叙写历史和论从史出的重要基础。搜寻汇集史料这项基本功做得扎实，做得好，就为以后各个程序的进行打下了坚实的基础。有不少人认为历史书的高低优劣取决于著史者的历史见识与文笔水平，但这些首先是建立在丰富深厚的史料基础之上的，而史料的多寡在很大程度上体现了著史者对史料重要性的认识、对史学的责任心、搜集史料的能力。

如何更全面、更丰富、更具体地找到史料？这既是一种治学态度，更是一种实践经验。常见的史料来源有如下几类：

① 档案史料：档案是过去的历史文件、会议记录、当时的现场拍摄或录下的音像资料等，具有极高的史料价值，是编著历史书极为珍贵的历史材料，长期以来被视为编著史书的第一等重要的史料。

② 报刊史料：自近代以来产生的报纸，每天都记录着社会的发展变化。比起档案，它一般是记者经过采访后写成，具有一定的主观性，从这点来看不如档案更直接客观；但它比档案连贯，可以看到历史发展变化的起承转合。杂志一般不像报纸那样天天出，但有月刊、双月刊、季刊，还有周刊、旬刊等，前后的联系虽不及报纸那样紧密，但还是能够反映社会发展的前后基本的逻辑联系，并有较丰富的资料。

③ 文物及历史遗址：历史留下的物件及历史遗址，是历史时代的体现。是编著史书的重要史料。

④ 回忆录（含口述史）：历史的参与者、亲历者、见证者的书面回

忆或口头回忆，是编著历史书的重要史料来源。对于提供历史线索、丰富文字材料的具体性、生动性是有积极意义的。

⑤ 史书、志书：前人写的史书、志书，虽可能观点不合今天或史料不充分，也可以收集参考；对于有的史书搞"古为今用"的效益，不惜篡改历史的情况，应在采用资料时注意其真实性及其观点，鉴别清楚后，再采用其中真实的史料于自己所写的史书中。

⑥ 观察实验科研报告：对自然界中的观察与实验记录、研究报告和前人写的自然史、科学技术史等。

（2）编著文字史书的第二道"工序"——辨别史料。

编著文字史书的第二道工序，即历史学的第二项基本功，就是辨别史料真伪。具体来说就是对搜集来的所有史料进行鉴别：哪些是真实的？哪些是接近真实的？哪些又是虚假的？在搜集史料中，常常出现对同一个历史事件的历史数据、事件情况、结论等有不同的说法，这是由于出自不同的资料来源，这里就产生了疑问：究竟谁是谁非或谁更接近于真实？历史工作者应当辨别真伪，边搜集边辨别；或基本搜集完后在整理中进行辨别，边整理边辨别。这道工序很重要，它可确保或基本确保用于编写史书的历史资料有多少真实性。因为真实性是史书的生命！辨别真伪，贯穿着历史学的始终。

那么，如何去做到鉴别历史资料的真伪呢？首先需要较丰富的历史知识、各类学科知识与社会经验及生活常识，这是鉴别史料真伪的必不可少的条件。如对自然科学技术史料，如果没有自然科学与技术的一般基础知识，又不勤于查阅相关词典及资料，那么基本上是不能够鉴别史料真伪的。其次对各类史料的优劣长短特点有专业性的基本的了解。这正是这里需要着重探讨的问题。

① 文字档案。国家、政党、群团、单位等颁布的法律、法规、命令、声明、公告、公报与章程、条例、任免职务令、工作守则等，这些具有法律性的、法规性的、规定性的文件档案，一般是红头文件标志并盖有公章的。没有盖章的，就要对其真实性打一个问号。会议记

录、人物手稿、观察实验报告、工作计划、年度总结报告、数据统计表格、鉴定评语等文字档案资料，这些都体现了当时的记录与反映，可谓是对当时历史"原汁原味"的反映，也是著述历史书的重要资料与参考。其中文字档案由于是个人记录（虽然常常代表着组织机构），故有个人的认识水平、感情倾向与记录取舍的问题。因此，在鉴别使用这类档案资料时，要考虑这种个人因素，要将这类档案资料与其他的史料相对照，哪些是众多史料共有的？哪些是有夸大的或缩小的成分？哪些是受当时的形势影响与个人利益的考虑而不惜夸大与缩小的？还有什么漏掉未记的？鉴别出这类史料中真实成分与夸大或缩小的成分，对于提供与确保著述史书所用史料的真实性，具有决定性的意义。

②报纸。这是进入近代以来纪录社会发展与生活的丰富文字资料，由于天天发行，可以从中看到社会发展变迁的来龙去脉，比档案连贯。但真实性不如档案，因为报纸宣传的倾向性，记者写的文章带有一定的主观性，编辑在校对中有可能出现小的失误，特别是有关人名、地名、专有名词和数据，一点错误就可能影响极大；再则报纸还受当时舆论控制的影响，有可能存在不能报道的事件，或夸大或缩小事实，服从政治而无视常识等。既要看到报纸的连贯性与基本大事的真实性，又要看到细节上易出的不真实性，都需要科学技术知识的鉴别与相关资料和社会生活常识经验的佐证。

③文物及历史遗址。历史留下的物件及历史遗址，是历史时代的体现。但文物的真假需要有关专业部门专家的技术鉴定。对历史遗址做反复多次细致的考察，找出以往没有发现的史迹，也是补充与佐证史料的重要途径。

④考古挖掘与研究的新成果。历史学的特点之一就是不断发现，特别是随着考古挖掘和研究工作的进行出现的新成果，历来对文字史书起着印证的作用；也有的在一定程度上否定了文字史书的说法。历史工作者要吸取科学技术和研究的新成果，来校正过去历史记载的

不足。

⑤个人回忆录（含口述历史）。这类资料一般来说是基本真实的，即确有其事，但常常存在着亲历者回忆的时间、地点或人物姓名不准确、不具体等因素。因此，须与其他史料相印证。以免所述历史不准确。

⑥音像史料。声音和图像资料一般是真实的历史场景的记录，特别是过去的新闻纪录片、电视新闻片、重要人物的讲话录音等。这是近现代科学技术带来的记史新手段，是文字书面史料的有力佐证与补充。但要核准史料所反映的究竟是什么历史事实，不要出现解说词与镜头画面毫无关联或张冠李戴的错误。音像史料是编著文字史书与拍摄编制影视"史书"的重要资料。

⑦电脑网络史料。历史学和世间上万事万物一样都是在不断发展的。伴随着近几十年来的科技成果，历史书的展示、阅读又有了新的形式：电脑互联网及网络史学。在网上查阅历史知识方便、快捷，但更需注意其真实性、准确性，须与其他形式的史料相互印证。

以上各类史料要相互佐证，使所用史料最大限度地体现或接近历史的真实。

（3）编著文字史书的第三道"工序"——整理史料。

编著文字史书的第三道工序，即历史学的第三项基本功，就是整理史料。就是将搜集来的各种史料，经过辨别，按先后次序进行整理，编成综合性的"大事记"初稿，或按事件、人物等所要写的专门对象的史料性质，编成"专史大事记"初稿。"大事记"在古代已成为正规的编年体史书，我国的编年体史书中最著名的孔子编纂的《春秋》、左丘明编著的《左传》等都是按时间顺序编纂条目的编年体史书。进入近代后，编著历史书除了记载历史的发展过程，还需写明历史的前因后果、相互关系、特点与发展规律。因此，不少人不再把编年体史书"大事记"列入正本史书了，只看作编著史书必不可缺少的发展线索及其丰富资料的参考书或查询历史资料的工具书。但不管怎样看待，将历史资料编纂成"大事记"对于编著历史书的作用和对于历史学的意义,就像建筑高楼大厦必须首先要打牢基础那样重要。因此,编纂"大事记"就需要细心、周到、全面,不要随便删去史料,一般来说,越详细越好。整理史料,编纂"大事记"的过程,就是熟悉史料,为编著历史书打基础的过程。它使我们在编著史籍中可以信手拈来。近代以来凡尊重史实而著述的通史、断代史或专史史书可以说是先做出"历史大事记"或有别人完成得较翔实的"大事记",在此基础上才编著完成史书的;写自然史也是这样。编年体大事记是历史学中最基本的历史著作,它是世界上人类创造的最古老的史书体例,而且是适应于一切时代的永恒的史书体例。

（4）编著文字史书的第四道"工序"——撰写专题。

编著文字史书的第四道工序,即历史学的第四项基本功,就是撰写历史专题,也是整理史料的更高层次,要弄清史料中历史的来龙去脉,研究历史中的原因、发展过程、特点及其规律。研究史料与撰写专题就像产品中一个个零件的初加工,质量的好坏直接影响到精加工与组装。本来在中国古代传统的治史程序中,已经进入到可以编著编年体史书的阶段了;但进入近代后,以科学思想治史,即理性地著述史书,则需要体现历史的特点和规律。因此,就必须在编著历史书以前,先进行撰写这一时期的若干历史专题,这是近代以来科学写史的必要前提。

如何撰写历史专题文章?写历史专题不像写文学作品那样可以凭着主观想象去创作,必须是所写内容确有历史依据,搜集史料的多寡程度决定着撰写历史专题的结构方式与专题质量。常言道:"巧妇难为无米之炊。"因此,做专题须有以下步骤:

其一,在资料准备上,尽量搜集到所要写的专题对象的历史档案材料、相应时期的历史报纸刊物;查阅相关资料的志书、搜集已出的同类史书、同类音像资料等;搜集到对亲历者的走访录、回忆录等。把搜集来的史料进行鉴别,哪些是真实的或接近真实的、可用的史料,哪些是夸大的或缩小的或不大真实的、不可用的，然后将真实可用的史料按时间顺序编写成"专题历史大事记"，使写专题有了基本的线索以及较为丰富的史料，使专题前后清楚又尽量少有遗漏。有不少人在写专题前是不拟写"大事记"的，认为"多此一举"，结果往往在写的过程中发觉史料不够或前后接不上，写完后常常出现漏写，缺少东西，就是与之前懒做或没有时间理出"大事记"有关。不要小看"大事记"，它使我们在写史过程中有线索，避免漏掉重要而丰富的史实。

其二，拟定历史专题写作"提纲"。"提纲"应具有这样几个要点：一是专题的目的，当然专题总的目的是为写好史书做准备，但专题又是相对独立成篇的历史文章。因此，专题就应该有一个具体的目的，要使读者读到后产生什么想法，知道什么、赞成什么或反对什么，得出什么结论。二是专题的主题，通过叙写及论述专题史料，体现了作者对历史有怎样的看法观点以及什么样的思想情感，主题是为目的服务的。三是专题文章的结构，从第一部分至最后一部分，分别要写哪几个部分，要写哪些主要的内容及问题，它们之间究竟有着怎样的关系，从而得出全篇合乎逻辑的结论。有了这个撰写提纲，在其指导下，撰写历史专题就会在整体上做到有条不紊。由于结构是文章的主体，这里就多说一点。在构思结构时应根据搜集史料的多少与作者强调的重点及目的来选择专题结构的基本方式。一般来说撰写历史专题有以下几种基本的结构方式：一是阶段式结构，即将历史发展分为几个阶段来谋篇布局，写清每一阶段的起止时间、标志，此期间所发生的基本事件或人物与基本问题和原因，前阶段与后阶段之间是怎样发展而各自又有什么不同的特点，全篇有着怎样的逻辑联系，整个历史发展的规律是怎样的。乍一看，这不是史书的缩写吗？其实不是，因为专题偏重史论结合的论述，史书偏重对历史的叙述。这种结构方式适合于搜集到的资料全面丰富连贯。二是问题式结构，以一个个的问题为全篇的结构，将所写的历史对象分为几个基本问题或特点来加以论述其发展状况；分析它们发生的直接原因、间接原因、根本原因，归纳出历史发展的规律，最后得出结论。这种结构方式适合于搜集到的资料相对较弱，时间紧，又想突出重点的情况。三是简略阶段式、重点问题式相结合结构。首先简写历史主体发展的基本过程；其次将所写历史对象所具有的性质、特点和规律分成几个问题来加以重点论述，史论结合，最后得出结论。这种结构方式适合于搜集到的资料比较丰富。无论哪种结构方式写法的历史专题，都首先需要尽力做到史实丰富、真实准确或接近准确，逻辑性强，语言表达清楚，观点鲜明，论据充分，一般达到此就算是基本完成了专题。这样的专题已经可为编著历史书提供基础材料和见解了。

其三，历史专题文章初稿写出来后，应当进行修改，这也是很重要的一环。不修改、不订正的历史文章是很粗糙的，犹如房子修好后不搞装修，又像搞雕塑有了一个结构模型却不细致地雕刻人物的五官细微之处。尤其是历史专题论文，不像创作文学中的诗歌，以情感起伏为线索，灵感来了一气呵成，而历史专题论文是以严谨的史实论证为线索，何况它涉及史实与数据的准确性，历史发展的前后逻辑性，历史文章中的提法、史实上是否还需要补充完善等，不修改的历史专题论文就只是毛坯，一般来说，尚需要精心修缮。撰写历史专题是进行历史学习与从事历史工作最重要的基本功，是写史书和写论著的重要基础！

其四，将写好对某一个时期的一个个历史现象及其问题的专题文章汇集成"专题集"，是编著历史书的重要条件，是"大事记"的补充。如果说"大事记"是骨架的话，那么"专题集"就是血管、经络与肌肉。这些记载与研究的历史资料就为著述历史书打下了必不可少的、丰富深厚的基础。

（5）编著文字史书的第五道"工序"——拟定"史书提纲"。

编著文字史书的第五道"工序"是拟定"史书提纲"，"史书提纲"就是我们著述历史书的方案、计划，就像修建高楼或大桥必须要有工程师设计绘制的施工图纸一样。著述史书如果没有提纲，想到哪里就写到哪里，就会显得凌乱，不能较好地体现史书的主题和前后严密的逻辑关系。"史书提纲"包括以下基本问题：一是著述史书的目的与主题是什么？二是著述史书的对象是什么？三是用何种适合于对象的史书体例来进行编著？四是史书的结构，即草拟与修订史书"目录"，体现了历史发展怎样的逻辑关系？最后审定"史书提纲"。"提纲"体现了著者对历史大方向、规律、历史发展前后联系、左右影响的相互关系的认识，体现了著者对史书主题与结构的把握和处理，拟定"史书提纲"是著史前一道必不可少的重要工作。

  以上第一个问题、第二个问题好理解。第三个问题"确定史书体例"。在传统史学中，将记载历史的史书样式，即史书文体称为"体例"，没有"体裁"这一说法；但进入近代后，有的史学名家将文学中的"体裁"名称引入了史学，于是，将史书文体称为"史书体裁"，将史书中的要求及写法称为"体例"。但至今不少读者仍然习惯性地将记载历史的史书文体称为"体例"，当问起传统史书中有哪些体裁时，不少人答不上来；而问起史书中有哪些体例时，会很快答出：编年体、纪传体等。故"体裁"的引入，造成了与"体例"在普通读者中混淆不清的现象。记载历史的史书文体称为体例，而反映生活的文学文体称为体裁，如小说、诗歌等。因为史学史书体例是比文学作品体裁有更加严格的规定，如传统的纪传体史书中只有皇帝才能写进"本纪"中，其他的皇亲国戚、王公大臣等只能写进"列传"，这是当时很严格的政治原则及标准；又如史书是不能写历史人物内心独白的，也就是不能有心理描写，即使在当时盛行的以形象描绘历史的感性史学时代，也不能写历史人物"他多么想……"或"她希望……"这样的句子的，心理状态只能是通过客观具体的言行体现出来等；但文学作品在这些方面就自由得多，完全可以用大段的篇幅描写心里的所想所感。故，文学中并没有将史学中的体例引入。文学文体用体裁，史学文体用体例。这两者都是符合各自学科文章书籍文体的要求与表现手法的。因此，笔者决定还是用传统的说法，对记载历史的史书文体就用"体例"一词,"体"是形体,外在形式,"例"是范例、规则,内在要求,故,"体例"一词既包括文体的样式,也包括文体的写法要求。在草拟提纲时必须决定采用什么体例,以符合我们所要记载的对象和写史要求。这就像我们做衣服,如想体现潇洒、风度翩翩,就选择做西装;如想体现庄重、大气而又严谨,就选择做中山装;如想体现轻便、精干、年轻,则选择做夹克。又如文学中我们要想写故事给别人看,就用小说;既想告诉别人什么事,又要表达自己的看法情感,可用散文;想抒发自己的感情、表达志向及思想"火花",可用诗歌等。我们在草拟"史书提纲"时,就必须明确所记载的对象:如果是要记载某历史时期内发生的若干大事的基本信息及基本线索,以免遗忘,那就用编年体"大事记"较为恰当;如果是要记载某历史时期内有代表性的一位或多位历史人物,那就用纪传体"人物传"较为符合;如果是要详细叙述某段时期内一个或若干个历史大事件的来龙去脉、前因后果,那就用"叙事本末体";如果是要全面反映某历史时期内国家或地方历史事件和历史人物以及全社会发展的总体历史情况,那就采用"章节体";如果要详细反映历史发展的具体过程,就适宜用本书前面所提到的史学理论、史实与文学语言水乳交融般紧密结合的"融合体"。即所写的历史主体的性质决定了采用什么样的史书体例。下面我们对历史学传承发展至今的几种基本史书体例做一下了解、比较,以利于恰当采用,以便我们拟写好"史书提纲",从而为著述好我们所需要的历史书打下基础。

① 编年体史书:又称"大事记"史书。

大事记是以编年体为体例,按时间顺序发生的历史事件为条目,客观记载历史的一种史书。由于它强调客观性,有什么就如实记载什么,它可以不描写历史形象,也可以不写事件与事件之间过渡的连接话语,还可以不写历史评论,因此,它是史书中最基础的一种。在世界各国各民族中,编年体大事记是最古老、最长久、最实用的史书体例,而且至今长盛不衰,成为所有时代写史修志的线索和基础。中国对历史记录最古老的传说就是"结绳记事",即为"大事记"的雏形。

无论社会发展到哪一步，无论科学技术到了怎样的发达地步，编年体大事记的史书体例都是不会过时的，超越时代与地域，具有永恒的价值，是历史学记载历史的"永恒史书体"！大事记史书即编年体史书较之其他体例的史书具有明显的客观性、纯资料性、简略性，作为史书中的查阅"词典"是再合适不过的了。

但是，纯资料性是一把双刃剑，一方面资料性强，另一方面其局限性也在于对事件与事件之间缺乏联系的表述，前后左右皆"松散"，使读者阅读时，缺乏对前后发展的联系性、整体性的认识，感到断断续续的，什么都有，不集中。一般来说可读性不强。

② 纪传体史书：又称人物传记体史书。

纪传体史书是稍晚于编年体大事记史书之后产生的又一重要体例的史书。它是以历史人物作为记载对象，有单人传，也有将若干人合记一本的。在中国古代纪传体史书中，现今查到最早的是战国末期产生的《世本》，但因其遗失了部分，遗漏残缺，留史不全，发现较晚。因此，从完整性上来说，在中国史学史上，史学界公认的成熟的纪传体的开创之作是《史记》。纪传体体现了司马迁及其后来的历朝历代史学家们对历史的思想认识，即国家的历史是人创造的，记载了人，就抓住了记载历史的关键，就记载了历史的根本！体现了农业文明的古代历史学家的历史观，历史的中心是人物，不是一般的人物，而是掌握着国家命运的以皇帝为核心的家天下统治集团的人物，这个统治集团还包括除了皇帝家族外的各级官吏，至少到县级，他们管理国家的活动就是国家的历史。自《史记》确立以帝王为"本纪"纪传体这一史书体例后，历朝历代延续这一体例修成"二十四史"，直至清朝达两千多年之久，被历代视为"正史"，一直都体现了以人物为中心的历史观。为什么中国传统史书中纪传体这种体例会成为长期的正史体例？而不是其他如编年体、叙事本末体等体例呢？因为纪传体是以家天下历朝历代掌握国家政权的皇帝为本纪，突出了皇权的世袭地位，故为历代所重视。

人物纪传体的长处，其一，在于体现了人类社会的历史是由人创造的，人，才是历史中的主要因素，而不是神。这符合历代大众实事求是地观察历史的认识。其二，人物纪传体集中体现所记人物的生平事迹与影响，便于读者阅读后，得到基本的印象，不像编年体大事记给人以零零碎碎、不连贯的印象。其三，人物纪传体史书一般要写到人物的经历、对历史的作用影响，好的人物纪传体史书还写到人物的性格、爱好、特长、习惯，特别是人物在重大历史转折关头产生影响的具体言行。体现了历史具体发展中的复杂性、丰富性、偶然性，因而也是历史发展中的真实性，使读者更加了解历史发展中的具体性及产生影响的细节。其四，人物纪传体史书是以史育人、以史为鉴的好教材，许多成功的政治家、军事家、文学家等都善于从历史人物的传记中吸取经验教训，以促进自己的事业。其五，人物纪传体史书常常成为许多成功的历史演义小说、传奇、剧本和历史戏剧创作的原始素材，好的历史影视剧是以历史人物传为创作的原始素材，并且都是在基本史实、人物性格、才能、意志、精神、品质上，来构思具体的场景和细节的，并且完全符合人物的性格与当时的形势。因而，纪传体史书也是衡量历史文艺作品是否符合真实历史的一把尺子。

当然，纪传体史书也有自身的局限性，读者阅读时，缺乏对历史事件、对整个历史行进的整体感，视角虽集中，但不全面，只局限在这位或这些人物之中。即读者在阅读张三传时，要全面了解他在历史中的作用影响，就需要阅读李四传、王五传，甚至赵六传等来相互补充、印证；还需要看其他体例的史书来补充人物传之不足。当然，它也是对阅读其他类体例史书特别是近代以来章节体史书更具体、更丰富的补充。时代不同，记传的对象也有所偏重，在记载战争年代的人物中多有军事家列入，在和平年代多有文臣列入，进入近代还有企业家、科学家等的列入，但我国传统的史书中对于科学家、医学家、发明家、建筑家等的传记不够重视，相对稀少。进入工业文明时代后，这种情况有所改观。

纪传体可分为"广义上的纪传体"和"狭义上的纪传体"。从西汉至清朝的传统正史史书属于广义上的纪传体史书，故，我们又可称之为：传统纪传体史书。因为它除了写人物外，还包括天文、地理、区域、经济、农事等资料，如西汉司马迁所著的《史记》分为"本纪""表""书""世家""列传"五部分；东汉班固所著的《汉书》分为"本纪""表""志""列传"四部分等。而近代以来至今的纪传体史书属于"狭义上的纪传体"，又可称为：近代以来的纪传体史书，即只集中写人物传。一般我们现在所讲的"纪传体"就是指的这种只写人的"人物传记"。对于"自然史"中的某类植物或动物，采用这一史书体例也是比较适合的。

③叙事本末体史书：又称历史大事纪略或历史大事纪实。

叙事本末体史书就是以叙述历史事件从发生到结束为体例的史书，以事件为中心，有以一个历史事件为一本书的；也有以某时期内若干个历史事件写成一本书的，这里探讨的主要是后一种。这种若干事件组成的史书，是以每一个历史事件作为每一章的内容。在某历史时期内一个个的重大事件犹如历史发展中不同阶段之间的标志或一个个"印迹"和"节点"。从历史发展的纵向角度看，历史的发展往往是通过不断出现的历史事件所体现出来的，历史正是由一个又一个的历史事件串联起来组成的，故，历史事件是历史发展的线索，历史事件是社会矛盾的"焦点"、社会生活的"火花"，每一个历史事件在历史发展中都有它的特殊作用和意义。通过历史事件带出历史人物，或通过历史人物带出历史事件，历史事件与历史人物是相辅相成的关系，所谓"时势造英雄，英雄亦造时势"。

叙事本末体又可分为"狭义上的叙事本末体"与"广义上的叙事本末体"。狭义上的叙事本末体就是以一个个的历史事件作为记载对象，每一章只记载一个历史事件，记述它的起因、发生、发展、高潮、持续、结束、意义。使读者对著者所写的历史事件有个基本全面的认识。章与章之间、历史事件之间，可交代也可不交代过渡与联系，这种狭义的叙事本末体史书就是传统的叙事本末体,按中国史学界流行的说法:遗留这一史书体例至今最早的是南宋历史学家袁枢所著的《通鉴纪事本末》,以后又出现《宋史纪事本末》《元史纪事本末》《明史纪事本末》《清史纪事本末》等叙事本末体史书。其实对历史事件从头到尾本末的叙述在春秋战国时期就有,如《国语》与《战国策》这两部史书的每一篇都可以说记述了历史事件;还有将叙事本末融合进编年体大事记之中去写的,如左丘明著的《左传》就是以编年体为经、以叙事本末体为纬,并成为这种写法的史书高峰,只不过当时没有称之为叙事本末体而已。这种史书体例发展到近代后,上升为广义上的叙事本末体,这就是"章节体史书"。

④ 编章节目体史书,简称章节体史书。

这是近代史学发展起来的一种最流行的史书体例,成为当代世界各国"正统"的史书体例。根据这种史书体例的要求,史书要以全面的角度、科学的方法,来记载历史的主体,如国家的政治、军事、经济、文化等社会主要方面的发展状况,它以重大历史事件或具有标志性的事件作为不同时期的起止点,从而构成史书的纵向结构,又以政治、军事、经济、文化的社会结构及其相互作用影响为史书的横向结构。还将每一个历史时期内分成前后几个互有联系的阶段,每一个阶段里均写出所产生的事件或社会政治、军事、经济、文化等基本方面的发展及问题。它既记载历史事件或问题的基本过程,又交代事件的前因后果,还有历史发展中的前后事件、左右事件的相互联系,并交代事件中起重要作用的人物,交代社会历史全面推进的基本情况和意义等,从而构成有逻辑联系的历史书。章节体史书具有鲜明的全面性、逻辑性、科学性。由于近代以来理性史学的发展,历史学家们对历史的忠实就是从本质上写出历史发展的真实性来,从而体现出对历史的理性认识。加之所写的历史在科学思想的指导下,有方方面面的内容,因此,形成了章节体史书中不再以详述描写形象化的历史为基本笔法,而是一般以叙述为基本笔法,又以论贯其中,论从史出或史论结合。

因此，其中"论"就显得重要，不是以论代史，而是论从史出，言简意赅，体现出从更高的程度上穿透历史风云变幻的历史洞察力与哲学的智慧思考力。但近代以来不少史书论平淡，论精彩又具启发性哲理的不多。论史同样能引人入胜。因此，作者就需要在写史前对若干历史事件、人物、国家的政治、军事、经济、文化等方面相互作用影响等问题做过研究，并在研究的基础上，有哲学的思考与恰当的结论。历史学没有哲学智慧的结论，就不会给读者、给文明社会以前进的启迪，则不是上乘之作！

章节体史书的长处：主要是能较全面地反映历史的发展，它不像人物传那样从人物单一的角度去写历史，也不像叙事本末体历史纪实那样只写历史事件的过程而缺乏整体历史发展的角度和内容，更不像大事记那样只记大事史实而没有相互之间的联系。它既有综合，又有分述。从而使读者看到历史发展的整体或基本全貌。这种整体性体现在记载所述对象（国家、政党或地方等）的历史中，其史实之间是互相联系、互相影响、互为因果，前后时期历史的发展和结果可明确地写出来；在同一时期内几乎同时发生的历史事件，它们之间的相互关系，其向前发展变化都有哪些基本原因、特点、规律、结果、影响、意义等，使读者看到历史发展的层次、联系，从而从整体上认识历史发展的特点、规律。当通读完全书后，看书的目录，真可谓一目了然！

当然，章节体史书也有其局限性，就是相对来说事件的具体性、历史人物的具体细节一般交代不足，给人以"概念化"的印象。

如果说我们要著述反映社会全面发展的历史书，那么，这种"以叙史为主、论史为辅、史论相结合"的史书体例，即章节体史书是适合的。

除以上提到经常使用的编年体、纪传体、叙事本末体、章节体的史书体例外，还有以同时期存在的国家为结构记载的国别体，记载制度、政策、法律的典章体以及前文提到的融合体、合成体等，这里就不一一赘述。以上提到的同样时代的历史可以用不同的体例来记载，但不同体例的史书有不同的侧重点：编年体大事记侧重于不遗漏历史时期所发生的大事件；人物传侧重于人物在历史上的活动及作用；叙事本末体侧重于记载历史事件的完整性；章节体则全面反映历史时期的政治、军事、经济、文化的发展及其相关事件的影响；融合体重于反映历史的具体过程；合成体将分别反映历史各个方面的不同体例书合成全书。选定史书体例。这是拟定"史书提纲"必不可少的程序。

当然，在具体著述史书时，常常发生修改"史书提纲"的情况，这是正常的，一般来说越改越好。有了一个成熟的"史书提纲"，犹如胸有成竹，恰似施工图纸在眼前，有了编著历史书的目的与历史发展的脉络与历史纵横的相互逻辑联系，有利于执笔书写，可为编著史书打下良好的基础。

（6）编著文字史书的第六道"工序"——著述史书。

经过前面搜集史料、辨别史料、整理史料、撰写专题、拟定史书提纲的五道工序，就可进入著述史书环节了。怎么写？这里分别从形式与内容两个方面来论述。

史书形式：著述史书要按一定的章法、格式、规矩、程序，这就是体例。经过长期以来成功的史书所积淀下来的体例，是供我们写出好史书的成功模式、基本方法和必要参考。下面就看看几种常用史书体例的具体写法。

① 编年体大事记史书的写法：一是全书结构单一，以年划章。每一年作为每一章的标题及所记内容，将该年从1月初至12月底所发生的事件按先后顺序进行记载。二是以时间条目为记史"格式"。一个条目只写一个事件，故可称为：条目历史；如是一起连续发生的较大事件，且到结尾的时间又较长，则可在此条目中一气呵成，简述完事件发展阶段及结果；另对发生在同一天里几个不同性质的事件，皆要另起一行先写"同日"，再记事件。三是用语简洁。简述事件的起因、发展、高潮、持续、结束、性质、意义，都是点到为止。四是单独记载事件，不必将此事件与其他的前后左右发生的、存在的事件进行相联

系的、前因后果似的叙述。五是记载事件时不必做分析，也可不做评论，如需做评论也要言简意赅。以上五条是编年体大事记发展到近代以来的基本写法及特点。

②纪传体史书的写法：近代以来的纪传体史书是专门写人物的传记史书。有"单人传""多人传"。"单人传"史书的基本要求：一是选取对历史有重大或重要影响（正面或负面）的、已故的一个历史人物来进行专门编写成书。二是以人物不同年龄段为全书的篇章结构，或以人物在不同历史时期的身份及作用为全书的结构。三是全面深入地叙写他（她）的生平事迹，包括感情、爱好、趣事，特别是重点叙述、描写他（她）对历史的作用与人生转折时的言行和事迹。四是对人物在历史上的作用和地位给予恰当的评价及结论。五是应配有传记人物在各个时期的照片或画像。使读者对所写的历史人物有较深刻的印象。

这里谈论一下在史书中常编写的"多人传"。"多人传"就是将几个、十几个或几十个，甚至上百个等历史人物合编成的传记书。多人传史书的基本要求：一是须写离世之人，生不立传。当然这也是单人传立传的原则。历来讲"千秋功罪后人评说"是有道理的，以避免所写的人物今天在书中是英雄模范，明天成了阶下囚。"盖棺定论"一向成为为历史人物立传的正确原则。在书写各类历史时，为人物立传是最难的，难在哪些人才能写，哪些人不能写或现在还不能写，难在怎么写。因为牵涉到人，即使他（她）不在了，也有一个在世的有关人的感情问题，有一个对相类似的人的命运产生影响的问题。二是历史人物有级别，适合地域不回避。历史人物有世界级的、有全国级的、有省级、地级、县级、乡级、村级的，写什么地域的历史，就应当写什么级别的历史人物。写人类社会的历史如不写历史人物传，则是概念化"历史"，而概念化"历史"是不完整的历史。三是"多人传"史书结构单一，一人一章。每一人作为每一章的标题及所写内容，将叙写的若干个"一章一人传"合编成人物传书集。一章写一人，这样版面干净。历史上有的史书一章（或称"卷"）写有几个人的现象，混淆不清，不整洁，故不可取。四是全面写生平，重点写作用。由于是多人，每个人占"一章"的篇幅肯定比起"单人传"为简略，但仍然须叙述清楚人物的生平事迹，重点写对历史产生作用影响的那部分，即在历史重大转折时期所体现出来的人物的精神品质、性格才智和具体言行，对历史事件中人物的细节特征的叙写，加上符合历史事实的结论，才能给读者留下深刻印象。五是选取的人物入传有某种定性，如同一历史时期中、同一地域内的方方面面的人物，即综合类传记；或同一时期与同一地域内同一类人物传记，如"烈士传""英雄传""将军传"等。六是应配一张人物照片，使读者对所写的人物有一目了然的印象。"多人传"一般适合于对历史较有影响的人物，对于查阅历史人物情况和普及历史知识起到积极作用。

③叙事本末体史书的写法：在记载历史事件的史书中，有以一个事件写成一本书的，也有以某时期内若干个事件合写成一本书的。这里先说前一种事件史书。历史事件可分为最重大的、重大的、较大的、一般的四个等级。世界性、全国性最重大的事件，牵涉到方方面面，历时数年，如第二次世界大战、中国抗日战争。除了军事，还牵涉到政治、经济、外交、交通、科技、文化、盟国、敌国等各方面的内容，故用叙事本末体叙写难以体现历史的全面性，因此，一般是用章节体著述，以其他体例史书相互补充。以一个事件写成一本书的基本要求：一是选取对历史有重大影响的事件作为一本书的著述对象，如"九·一八事变""1962年中印边境自卫反击战"。二是以事件的不同阶段作为全书的框架结构，如事件的历史背景、发生、发展、高潮、持续、结束、影响、意义或称第一阶段、第二阶段等。三是较详细地叙述好这一重大事件之中的每一阶段发生的相对较小的事件，交代好各类事件之间的前因后果、相互关系、来龙去脉。四是写准每一阶段的特点。五是论从史出，得出对历史事件的科学结论。

再来看以某时期内若干个事件合写成一本书的。这种史书又可称为历史大事纪略或历史大事纪实，这种叙写若干个历史事件的史书的基本要求：一是结构单一，一章写一事。以一个历史事件作为一章的名称和书写内容。二是写清事件从头到尾的发展过程，着重写好高潮转折。可以较详细地叙述、描写。三是写人类社会的历史事件须写到历史人物，不写事件的当事者，就成了概念化的历史，不能给予读者较深刻的印象和具体的历史知识。四是写一个事件应适当写到与之发生相互影响的前后事件、左右事件的关系。五是论从史出，得出符合历史发展实际的科学结论。

④ 编章节目体史书的写法：一是理清全书结构。"编"与"编"、"编"与"章"、"章"与"章"、"章"与"节"、"节"与"节"、"节"与"目"、"目"与"目"之间的前后关系、大小关系、左右关系、综合与分述关系，即全书目录。"编"是以历史大事件为标志所划分出的大历史时期，组成全书大框架结构，准确命名"第一编、第二编……"等最能体现历史时期鲜明特征的标题，在书内页的编与章之间以概括性语言写出这一编中所产生的历史事件及相关部分或问题之间的基本逻辑联系，做出时期特征的定论之语，作为章之前的导语。"章"是在编之下的大历史时期之内以较大的历史事件作为划分不同阶段的历史标志，"第一章、第二章……"体现历史发展的先后阶段内容，是递进关系。如我们以《中华人民共和国历史》为例，在"第一编：新中国成立初期（1949—1956年）"中可分为"第一章：前三年的建立与巩固政权和恢复经济""第二章：后四年的社会主义三大改造与'一五'计划的实施"（当然，不同的著述版本有不同的具体题目命名，但基本内容大同小异）。"节"是在章之下的历史阶段内发生的历史事件与不同的社会发展方面及问题，节与节之间根据事件及问题的发生情况，有的是先后发生的递进关系，有的是同时发生的平行关系，如上书的"第一章：前三年的建立与巩固政权和恢复经济"中又分为"第一节：中华人民共和国的成立与全国各地各级政权的建立""第二节：巩固政权的政策措施与斗争""第三节：恢复经济"。"目"就是"节"之内我们要写的具体历史内容了。如"一、中华人民共和国的成立""二、全国

各地各级政权的建立"等。"编章节目"四级标题体现结构严谨，环环相扣，首尾相顾，成为较完整全面的史书框架。二是以叙述为基本写法，清楚、准确、生动地叙述好历史事件的起因、发生、发展、高潮、持续、结束；交代好历史前后事件的联系、同时发生与存在的左右事件的关系。三是写清楚事件中历史人物所起的重要作用。四是分别叙述好社会基本方面的发展状态及问题，如政治、经济、军事、文化等。交代清楚历史发展的纵向关系、同一阶段内历史各方面相互影响的横向关系。五是论从史出，言简意赅。归纳综合得出经验教训、意义启示，画龙点睛，写好结论。章节体史书一般不用形象化的详细描写笔法，因为细节太长则会影响全书的全面性和整体性，冲淡全书分述与综合之间的关系，把握不好，就弄成了既像是故事，又像是论著，文体不统一，莫衷一是，成了"四不像"。章节体史书记载历史是综合性的历史，既有事件，又有人物，还有社会问题，最后有对历史简略性的理性认识结论。

　　以上所举的几种常用体例是我们写史书行之有效的模式及章法。但须明确它们并不是永恒不变的，在古代不少大事记是详细描写事件及人物；纪传体史书是以人物传为主，以天文地理、农事经济志为辅；叙事本末体史书缺乏事件之间相互联系的交代；在近代章节体史书概念化历史较重。这些发展到现代，演变为大事记叙述简洁易查；纪传体专门写人物；叙事本末体史书事件之间有相互联系的交代；章节体史书不仅写有事件社会问题，也写到了历史人物。体例还会向前发展，这里借用中国哲学先圣老子的话"道可道，非常道"，世间万事万物存在的道理、事物兴衰变化的规律、实践反复验证取得成功的经验等，都可以作为人们行动的指南，但这些道理、规律、经验并非适用于一切对象、一切地方、一切时代。同理，我们在著述史书时，套用这句话就是"法可法，非恒法"，写史书是有体例章法的，遵循史书相应的体例章法，就可以取得较好的效果，但史书的体例章法并非永恒不变，如什么都拘泥于定法，百分之百地遵循章法，就像刚学习用描红本写毛笔字的小学生那样，反而限制了写史的空间，如在章节体史书中完全不写历史人物在历史事件的关键时刻和历史发展中重大转折中的具体言行与事例，就写不出有特色的历史著作；又如不承认历史与文学相融合的写法为一种史书体例，在客观上就阻碍了历史学的向前发展。另外，每一种体例的史书都有局限性，今天，我们处于生态文明时代，全面性的治史思想已经提出，即各类体例的史书相互补充与印证的治史可以使读者全面深入地了解历史。因此，对待各种史书体例要以发展的、辩证的、全面的、整体的、创新的观点来继承发展和运用。

著述史书既需要遵循一定的形式，也需要借鉴从古至今传承下来的对社会发展进步有积极影响的、为实践所证实的有价值的史学思想，从而使我们著述的史书起到以史鉴今、以史育人的作用。这就是史书的内容思想，即史学观点。

史书观点：史书观点体现着对历史认识的史学思想。

在古代，尤其是中国和其他古老的文明古国，写史书形成了一个不谋而合的传统：述而不论。即如实记载发生的历史事实而不分析议论，即使要"论"，也是在写完史文的末尾作画龙点睛似的简略之论。让读者自己去判断历史的功过是非。但进入近代后，受工业革命与科学技术发展要探索一切的思想影响，一些西方历史学家认为：记载历史不仅要注重发生的大事件和突出的人物，还应有意识地注意国家的经济、政治、军事、文化的发展变化及其相互关系，主张历史学应像其他科学一样，成为进行探索其特点和规律的学说。故，历史学随之发生了重大变化，不仅仅是要记载历史，还要在其中体现出历史为什么是这样发展的，是哪些因素导致历史这样发展的。那么，究竟有哪些是影响历史进程的因素呢？人类进入文字产生后的几千年文明社会以来，无论什么种族，无论从事什么社会职业，无论居于何处，人们往往都受着所居地域内一个共同组织的领导，它超越于地域内的任何行业单位，它就是国家。国家就是在一个大的地域内，有劳动的人民，有管理的政府，有维持秩序的司法组织，有确保内部安定和抵御外来侵略的军队，有地域内人们共同遵循的思想道德、文化传统、精神价值。历史表明：国家是继承的，故，国家又被人们称为"祖国"，即祖祖辈辈传下来的国家；国家有可能变更政权，但国家一直延续下来；国家有可能分裂，也有可能再度统一，但地域内仍然有国家延续下来。因此，国家统治的理念早已深入各种族各民族的思想感情、生活习惯、道德标准、精神价值中，无论人们是否意识到，它都客观存在；无论你是以它提倡的思想在行动，还是自行其是；无论你是爱它，还是不爱它，你的言行习惯、行为方式、生活方式都受到所在国家的影响。因此，自历史学产生后，国家就一直成为史书记载的"主角"，即使近代以来科学技术高度发达，各种新兴产业出现，政党产生，因而有写科技史、政党史或行业史的，但所有这些史都与国家发展史息息相关，是处于和平时期，还是战争年代，其发展的内容特点都不一样，也与国家的制度和适时颁布的政策有关。因此，对国家历史发展是受哪些因素影响的正确认识，就不仅成为写好国家历史的思想基础，而且成为写好地方历史、政党历史、行业历史等的思想基础。那么，影响国家历史进程的因素有哪些呢？下面我们就看看几千年来通常对国家历史发展产生影响的几种因素。

  ① 对历史发展产生影响的自然地理因素。人类的各个国家、各个民族总是居于一定的自然环境之中。自然气候、地理环境是各国、各民族活动的场所，如果把历史比作演戏，那么地理环境就是舞台。人类是靠劳动生存繁衍的最高级动物，人类最早的文明往往产生于大河沿岸，如古埃及王国产生于尼罗河畔，古巴比伦王国产生于幼发拉底河、底格里斯河沿岸，古代印度王国产生于恒河、印度河流域，古代中国夏商周朝产生于黄河与长江流域，古代希腊城邦各国产生于爱琴海诸岛。有水就有鱼虾等水生动物，有水就可灌溉农业庄稼。随着人类社会发展与不同民族的迁徙，不同的环境地域大都有人类居住。在农业文明的古代，各地的自然气候、地理环境决定着人们的生产方式与生活方式。寒冷的气候、辽阔的草原，造就了游牧民族；温和的气

候、广阔的平原，造就了农耕民族；多风的气候、茫茫的沿海，造就了渔业民族等。在自然气候、地理环境和生产生活方式的基础上，各个民族的性格也不一样，民族的历史就是民族性格的显示：游牧民族的性格多勇敢、粗犷、豪放；农耕民族的性格多勤劳、坚韧、团结；渔业民族的性格多开放、冒险、顽强等。因而也造就了不同地域特点的自然经济。在地域经济基础上，各个时代、各个地方的政府颁布发展经济的政策都或多或少体现着自然的因素。因此，写国家史、地方史等史书不要忽略人们的生产方式、生活方式、民族性格及思想文化受着自然环境影响的因素，只有写出适合于自然环境的区域经济和在此基础上国家或地方政府颁布的政策，才能写出地域性的历史特色，如在中国南方有些地方的辣椒产业发达，因为这些地方气候雨水较多，地势多山，环境潮湿，自古以来人们就有吃辣椒的生活习惯，有的人一顿饭不吃辣椒，都觉得浑身没有劲，吃得不过瘾，甚至有的人没辣椒就吃不下饭；吃辣椒可以起到驱寒取暖、杀虫等作用，有的人不吃辣椒，会得风湿病、皮肤病等。这种生活习俗绝不会因为国家政权的改变而改变。在20世纪80年代改革开放的条件下，不少地方的农民在当地政府的引导下，开始发展辣椒产业。还有世界上一些沿海地方的糖业发达，因为海水地域含盐重，人们吃甜食，可起到综合调理作用，经常不吃甜食，会觉得身体缺少些什么，不自在、不舒服等。史书寥寥数笔就可体现出所述历史的特色，不仅叙述了经济发展表面，而且点出了发展缘由，让读者既知其然，又知其所以然。再则自然界有风平浪静的时候，也有灾害突发给人类的生命财产造成巨大损失的时候，自然灾害也是影响国家历史发展的重要因素，如2019年爆发的新冠肺炎疫情，到2020年迅速传遍世界许多国家，夺去了许多人的宝贵生命，造成许多国家的经济迅速滑坡。对此进行记载，提醒今生后世的人们对此类灾害加以重视，及时展开研究实验，攻克难关，就可早日地、最大限度地减少灾害对人类生命财产造成的损失。否则，一旦灾害到来时，全社会猝不及防，重演历史悲剧。因此，自然环境对人类社会历史发展的影响是必然的。写国家史或地方史，要写出自然界对民族生产方式、生活方式、民族性格、地域性经济、政府政策产生的影响因素。

②对历史发展产生影响的经济因素。人类总要吃穿住行，那么所需的食物、衣服、房子、车辆等从哪里来？从劳动中来，劳动生产创造出各种各样的使用物品，就必然有各种生产行业，各种行业生产出的产品需要交换，具有交换职能的商业市场也就应运而生。最初人们以物易物，后来出现交换的中介货币，进入市场的产品成为可商议价格的商品，人们通过钱币可买到所需商品。人们既是劳动者（含脑力劳动者或管理者），也是消费者。经营人类社会所需商品的生产、销售和服务行业的活动，使人们获得生存繁衍的生活用品和社会组织得以继续发展的物资商品，这就是经济。换句话说，经济包括了所有的物质产品和精神产品的生产、交换、消费活动与商品以及人工服务本身。即使有的人不参加生产或交换，只要使用了商品，从增加社会需求促使商品生产与交换的角度来说，就是参与了经济活动。因此，人人生活都离不开商品，任何组织的活动都与经济有关，经济是开展工作的发动机与润滑剂。经济是具有高度文明的人类社会发展的基础，发展经济成为人类社会最根本的任务，人类社会的发展历史就是在以经济发展为基础、为重要标志的发展历史。因此，在国家至上的时代，写国家的历史就必须书写经济。如何写？要写出所述历史时期人民生活上的吃穿住用行的商品是否丰富，获取是否方便；国家生产上的重大建设项目是否有新的成果；商业市场货物供应是否丰富方便及与国外贸易是否顺畅发达；国防建设上是否有重大成就；科技上是否有新的重大突破；国家年度或五年或十年乃至更长时期的经济指标是否完成；总体经济与过去相比，是发展了或停滞了还是倒退了。在书写历史经济的这些方面，要体现历史纵向性，有比较才见差异；要体现国家政策性，国家政策对经济发展的方向、规模、速度起着不容置疑的引导性或抑制性作用；要体现准确的数据性，数据往往胜过表面描述，因

为它们是反映社会发展进步的准确标志；要体现科技进步性，科技是促进经济的加速器；国家经济史要反映世界大背景。写地方经济史也要反映全国或世界大背景，又要反映地方经济的特色。写地方史应当是既见森林，又见树木，而且是有特色的树木。这样才能在史书中体现某时期相应地域内经济总体发展的历史。

作为人类社会的基础，经济发展的好坏必然影响到其他方面。古代农业社会有一句话讲道："风调雨顺，国泰民安。"农业庄稼特别依赖天气，好天气就有好收成，人们就有饭吃，民有饭吃乃国家安稳之基础；也有的国家统治者不关心发展经济、改善民生，导致经济发展一团糟，弄得民不聊生。常言道："饥寒起盗心。"当盗贼遍野时，国家就会动乱。我们看中国的"饭"字如果没有了"食"字旁，就是"反"字，文字体现着人们朴素的思想：没有饭吃就要造反！在中外历史上，因饥饿导致奴隶暴动、农民起义的比比皆是，有的导致改朝换代。即使在工业社会，整体经济发展不再完全依赖天气，但作为人类必需品的粮食依然是国家最重要的战略性物资，生产仍须重视与储备，否则如遇自然灾害或政府不会领导经济发展，导致人民生活困难，怨声载道，同样会埋下国家动乱的祸根。因此，经济的发展直接关系到国家的安稳及政权的巩固。在写国史时就要写到经济的发展情况对政治的影响。国家的历史无非是和平或战争，战争的胜败对国家的存亡或发展影响极大。俗话说："兵马未动，粮草先行。"历史上有不少战争，就是因为粮食供应不上而导致失败的。聪明的将领总是想方设法成功地破坏敌方粮道和经济而取胜。过去中国共产党领导人民解放军以劣势装备打败国民党军队，有一句话叫"小米加步枪打败八百万国民党军队"，小米就是经济，是解放区经过土改获得土地的数以千万计的老百姓，源源不断地用小车推着粮食送上前线，有力地支持了部队打仗。经济是战争进行和胜利必不可少的物质条件。因此，历史上一些领导人一边领导打仗，一边注意领导后方发展经济，只不过战时经济是为着战争的胜利而展开，其生产重点与平时不同。战争也和人类的其他活动一样，都是不能离开经济的，甚至比其他活动更离不开经济。因此，在写国家战争时不仅要写军事的胜败、政治的领导、外交的活动，还要写到经济和生产能力对国家战争的影响。至于经济对文化的基础性作用更是不言而喻的，任何文化活动都是建立在经济基础之上的，即使是文化名人，也是在一定经济基础之上才写出杰出的作品的。如果李白没有足够的财物，游玩不了名山大川，他就吟诵不出那些脍炙人口的浪漫诗作。人们的道德礼仪也是如此，早在春秋时期齐国的宰相管仲就总结出："仓廪实而知礼节，衣食足而知荣辱。"如果饭都吃不饱，或吃了上顿找下顿，饥寒交迫，哪来的彬彬有礼？吃饱穿暖，人们就会追求美的形象。改革开放初期，随着家庭联产承包责任制和包产到户、包干到户的推行，解决了温饱之后，人们追求精神生活享受。历史上，文化的发达都可以从经济上找到原因。

当然，经济要被政治所领导和影响，但全社会都建立在经济基础之上，因此，它往往成为国家制定政策或社会变革的基本原因，这正如列宁所指出的："以往的历史理论至多是考虑了人们历史活动的思想动机，而没有研究产生这些动机的原因，没有探索社会关系发展的客观规律性，没有把物质生产的发展程度看作这种关系的根源。"经济是一切社会变动的最根本原因，经济的目的性是最广泛的，它是所有人、所有组织、所有国家工作活动的基本目的之一，对于许多人来说甚至是工作活动的唯一目的。因此，在记载历史时，全面深入地记录经济本身的发展及其对整个社会的影响，才能体现出人类社会的国家民族历史发展变化的根本原因所在。

③ 对历史发展产生影响的政治因素。人类凭着聪明勤劳创造了属于自己的美好经济生活与新世界，但这一切是在有组织的领导下去进行的。还在远古时候，人类就是群居动物，靠着群体力量，才能防御凶猛动物的攻击与度过大自然的恶劣环境而得以继续生存繁衍。后来群体发展为有分工的组织，人类成为有组织的进行种植或打猎、捕捞、制衣等的最高级动物，进入了文明时代，这就是人类社会。社会由若

干行业的组织所构成，组织里有领导、有规矩、有层级、有分工，各层级的领导按规矩对相应层级的其他人员进行指挥、管理，以便进行生产等活动，这就是组织领导。各个行业及单位的工作都有组织领导，但有一种组织领导是高于所有这一切组织领导的，这就是国家的组织领导，国家也是一个"单位"，但它是一个涵盖大的地域，在地域内包括各种生产交换、维持社会秩序、保卫国境及人民安全等行业的大的综合单位，当人类进入这样的国家时代，面对领导全社会各方面的工作事务，就不能用以前的领导及手下头目任意下令指挥的方式，而是依据严谨制定的一整套治理国家社会的法律法规制度与提倡国民遵循的道德思想规范，并通过从上到下健全的组织领导体系来统治与治理。如此方能使社会运转自如。当按照这一切正规的法律制度和道德规范，即政道来进行统治、治理的时候，就标志着政治的产生。"政治"一词中的"政"字左边是"正"，古人说：政者，正也。"正"是正规的、正确的、正道的意思。右边是"攵"（pū），古代是戒尺，是用来对违反规矩之人进行惩处的木条；又一说是反文旁，意思是学问，含道德思想学说，故，"政"已蕴含法与德的意义。"治"是统治、治理行为。政治究其最本质的意义就是领导，是完整意义上的组织领导，是有别于一般专业性组织领导的综合性组织领导，是所有行业组织领导的组织领导，是最广泛的、最高级的组织领导。在国家产生时的古代中国，虽出现过以血缘为基础的国家分封制，但后来遭到废弃，发展为长期的从上到下的国家领导制度，这就是中央集权领导郡县制，各级各地的政府都是以皇帝为首的朝廷派遣官吏坐镇其中，对社会百姓进行治理，故，那时的政治，简言之就是政府对社会和民众的治理。进入近代，产生了为理想社会奋斗的政党，而取得并掌握国家政权的是执政党，执政党既是独立的组织，又是国家从上到下各级各地政府及全社会各个部门的领导组织。这时，"政治"有更丰富的含义，它既是指一种领导行为，也是指进行这种领导行为的组织，还是指进行这种领导行为的政党所必备的社会地位和权力，并且是指拥有相应地位和权力对国家社会人民进行领导行为的政党所追寻的理想社会目标与所遵循的道德思想与法律制度。从较完整的意义上来说，政治是指取得并掌握国家政权的正规的、合法的、为国民所认可的组织，按照自己信奉的指导思想、道德信念和依照法定建立的政治经济制度与法律规范制度对国家进行领导，并通过国家各级各地政府及社会各部门将自己制定的路线、方针、政策贯彻执行下去，对全国人民实行的领导行为以及处理国与国之间关系的行为。近代以来的政治，简言之就是执政党对国家、社会、人民的领导；但政治还包括没有取得国家政权却仍以取得国家政权为目的而开展活动的组织，如西方国家的在野党；它还包括以夺取国家政权或巩固国家政权、发展国家事业、维护社会公平正义及公正执法为目的的一切组织及其所开展的所有活动。政治是国家的指挥系统，处于全社会运转的核心，一般来说政治具有政党领导人民向着一个理想目标奋斗的特征。政治运转的制度无论是古代的君主制，还是近代以来的政党制，都是每一个国家历史上不同组织之间政治（含军事）斗争的结果，或是妥协的结果，是该国人民思想认识与选择认可的结果，是该国民族性格的历史体现，是该国在那一个历史时期社会发展的结果。每一种政治制度都有特点，只有人才会使它发挥最大效益，也只有人才会使它一无是处、糟糕透顶。同样的制度在不同的国家，成效不同，甚至完全相反。无论任何国家以什么政治制度、什么组织进行运转，它都要对全国、全社会和人民起到领导的作用，如果没有这种领导机制的运转，国家社会就会失去对法律制度的执行，全社会的工作生活就会出现故障或瘫痪，人们就不会遵循曾经共同认定的思想道德规范，就会发生大量的偷抢烧杀，长此下去，国家就会分裂倒退。这就像在车辆行进的交通十字路口一样，如没有交警及红绿灯，车辆就会发生碰撞而停止不前，造成交通瘫痪，甚至会有乘客下车大打出手。因此，政治使人类社会有组织、有秩序地存在和发展，它像经济对于人类社会的存在和发展那样不可缺少！

写国家历史必须书写执政组织是如何领导国家的，写地方史亦然。

古人说：郡县治，天下无不治。但由于几千年来历史学发展的经验，写正史，特别是涉及政治方面的史书，一般是隔朝修史、隔代修史，这样一则可避开当代忌讳；二则正发生的历史性事件没有经过较长时间的检验，不易得出恰当判断。即使是写过去的国家史，也要清楚国家历史发展的几种基本形态：有革命战争或反侵略战争时期、有国家稳定发展时期、有遭受侵略或分裂战乱衰亡时期。古往今来写国家的史书不少能做到实录，但能全面深刻地写出国家兴亡史的毕竟不多。故，应在所述历史发展纵向的基础之上，写出国家兴盛衰亡形成的原由、不同时期的特点及发展规律；要体现国家政策性，政策对形势发展起着不容置疑的引导性作用；要写出哪些历史人物、特别是领袖对国家发展走向及兴盛衰亡起着不容置疑的甚至是决定性的作用。写地方史应当是既见全国的基本形势，又见本地有特点发展的历史，同时还应写出地方历史人物。这样才能全面体现某时期相应地域内的社会发展史。在社会发展日新月异的今天，许多国家政府或学者纷纷著述当代史，历史上留下这样的话：历史是胜利者写的！这成为写当代史的惯例，即大多是写成就经验，因为需要树立人民的信心，促使团结奋斗；但完全不写失误，则与事实不合，且显出无防患于未然之意识，一旦突发性事件爆发，则不知所措，损失连连。史书体现不出发人深思的价值，会被后人认为内容"太假"，难于成为传于后世之信史！

既然政治在全社会发挥着领导职能，因此，它就必然影响甚至决定着其他方面的发展方向、程度及快慢。如没有1978年中国共产党十一届三中全会确定的改革开放政策，就没有农村家庭联产承包责任制在20世纪70年代末期的大规模实施，就没有城市扩大企业经营自主权和厂长（经理）承包制的实行，就没有90年代初期市场经济在中国的推行，也就没有改革开放新时期中国整体经济和人民生活得到较快的发展和提高。这就是政治对经济的领导作用。国家的政治经济利益，政治对军队的领导制度，国家的政策，领袖的经历、性格、才能极大地影响和决定着军事所采取的方略。人类社会历史表明：军事对于国家的兴盛衰亡具有决定性作用。故，大国的军队及其军事行动都归中央统一领导和决策。在中国北宋初年，鉴于唐朝安史之乱、五代十国分裂割据的教训，宋太祖赵匡胤导演了杯酒释兵权，解除了各将领的军事领导权，制定了全国军队统一归皇帝领导的制度，只有在国家内乱或遭侵略时，才将部分军权授予将领，使其率军平叛或抵御外寇，一旦达到目的，即刻收回军权，以确保军令、政令统一，以巩固国家统一。这一政治对军队的领导权制度延续千年，直到近代产生政党，有志夺取国家政权的政党都组建了自己的军队。1949年10月以前，在中国有国民党领导的军队，有共产党领导的军队，共产党在建立红军之初就确立了"党指挥枪"的原则，这也成为中国人民解放军始终归中国共产党领导的根本原则。政治制度、政策、思想也在很大程度上影响甚至决定着文化思想艺术在一定时期的发展方向及成果，如清朝从顺治到乾隆的150多年里，因担心统治基础不牢以及防备人民造反，就在文化上实行严苛的文章书籍检查惩处制，大兴"文字狱"，从文人写的文章书籍中找出对清朝统治不满的字句，哪怕是谐音字都有可能下监狱或遭杀头，导致许多文人回避写创造性文章，把精力用于解释古书。故，有创造性思想的文章极少，而考据学却兴盛起来。

  在政治中，领袖人物的作用巨大，甚至在许多时候起着决定性作用。中国的秦始皇、汉武帝、唐太宗、宋太祖等，外国的华盛顿等领袖人物都对历史发展产生过巨大影响。在现代史上，如果没有毛泽东力排众议地勇敢决策，就没有20世纪50年代初期中国的抗美援朝以及至今的中朝边境安宁。领袖人物的作用之所以如此巨大，原因在于他们能够凭着所居的社会地位与拥有的权力，将个人的智慧和意志上升为领导国家的组织的利益及意志，具有代表国家、社会、人民、民族的整体利益及意志的性质。领袖的作用和威望不仅是建立在组织基础之上的，而且是建立在领导事业成功和战胜各种风险挑战的基础之上的。无论在什么时代、什么制度的国家，领袖就是领路人、掌舵人。以上所举是成功的领袖，历史上也有失败的领袖，如中国北宋的宋徽宗、明末的崇祯帝，法国的路易十六、苏联的戈尔巴乔夫，他们的见识与作为使国家形势日益恶化，直至败亡。客观历史表明：无论领袖的领导才能高低，都会对国家发展的进程和社会发展走向产生积极的或消极的影响，这是毫无疑义的，因此，在国家领导组织的运行机制中，领袖人物的地位和作用就显得特别重要，具有决定性的意义。如何写历史上的领袖人物？首先应科学地看待近代产生的"人民创造历史"的观点，这一命题是很得民心的，不仅是有些思想家的理论，而且也成为有些政治家的言论。但应准确地领会领袖在公众场合讲话或作报告中常有的谦逊说法，语言的艺术性有时是体现在"言在不语"中的。因此，我们不应机械地将领袖说过"人民创造历史"的话，拿来当"尺子"去衡量一切，否则，就犯了机械唯心主义，就会与历史中实事求是的根本原则和实践中起码的常识相违背了，如历史上国家兴旺发达时是人民创造的，那么国家衰弱败亡时又能不能说是"人民创造的"呢？再从现实中我们任何一个小单位看，究竟是领导决定工作安排呢？还是普通职工？这是众所周知的常识！但是，又必须看到：领导得到职工的支持，工作才能做得好。那么，这个单位里究竟是谁创造了生产力呢？应当说：无论领导，还是职工都创造了生产力，确切地说：领导带领职工共同创造了生产力，这才是符合实际情况的。扩大来看，国家的历史也是这样：领袖和人民共同创造历史，准确地说：领袖带领人民共同创造历史！这才是符合历史全面的实事求是的观点！还应当看到领袖在讲到人民的作用时常强调的另一个重要观点：那就是当人民不再是一盘散沙，而是组织起来的时候，具有无穷无尽的伟大力量！那么，组织是要有领导的，而领袖往往以"无我"状态言人民的作用，那么就使人体会到领袖是将自己放进了人民中，但领袖不是普通群众，当他把自己或领导的组织融入人民中，作为人民利益的代表与领路人，就是带领人民共同创造历史，正如"雁无头雁不齐飞"。18世纪法国民主思想家卢梭在《爱弥儿》中写道："是人民构成人类，不属于人民的领袖就没有什么价值！"体现了他对人民的认识情怀与对领袖的评判标准。因此，我们从写史的实事求是原则出发，在史书中就须写到领袖在历史中是如何决策与发挥作用的，才能让读者知晓历史其然，又知晓其所以然。而不应当以"人民创造历史"为不写历史上领袖人物的戒条，使历史记载缺失。其次，要科学地看待历史上的领袖人物。不应当简单地用对普通公民的道德标准来衡量历史上的领袖人物是"好"还是"坏"；应从具体的历史背景出发，历史地去看待；还要从历史上的领袖人物对今天社会发展影响的效果来看待。如秦始皇因"焚书坑儒"，历来就有咒骂他为"暴君"的。从他统一六国后，推行一统天下的中央集权郡县制后，遭到不同的言论反对，为了从思想上巩固统一，秦始皇下令烧毁不利于统一的其他学说和屠杀了460多个宣传分封制的儒生，使中央集权郡县制得以在全国建立；他还统一文字、货币、度量衡，为中国后世奠定了大国统一的基础，无论后世出现怎样的分裂，各种政治势力最后都向往着国家统一。秦始皇创立了中国大一统的政治体制，用今天互联网时代的话来说就是，他创造了中国大一统的"硬件"，由于文字、货币和度量衡的统一，也创立和配制了国家大一统最基础的"软件"；使这一政治体制一直沿用到今天达两千多年，在世界上不少古老帝国早已分崩离析的今天，作为文明古国的中国发展至今依然是一个泱泱大国！这样来看：秦始皇对中华民族的发展史来说是功大，还是过大？结果一目了然。那种寄希望于领袖对国家做出巨大贡献，又是道德高尚完美之人的评判标准有悖于客观历史的复杂性，领袖是人，而不是神！故，在叙写领袖人物中，只有遵循历史唯物主义的实事求是原则才能做出恰当的评价，具体应做到三个坚持：一是坚持将领袖的作为放在历史背景与个人经历性格以及相关制度的影响中去看待。如北宋初期确立全国军队统一归皇帝领导的制度，却没有制定皇家后代接班人如太子或诸位王子青少年时必须到军队当兵与到郡县当差锻炼的制度，致使他们缺乏军人的勇敢谋略与对军事的了解，缺乏文官的执政经验与识人慧眼。一旦继位执政，重用奸佞，排斥忠臣，制定误国之策，致使外敌入侵，无可用之将率军御敌，最后被侵略军灭国。北宋就是这样亡国的，甚至于宋徽宗都做了俘虏。明朝末期，在国家危亡之时，皇帝不得已授权给武将率军抗敌，在佞臣怂恿下，又害怕武将拥兵自重，出现了爱国将领率军在边关越打胜仗，宫中皇帝越害怕的奇怪现象；遂借故收回军权，甚至杀害爱国将领，自毁长城。到了晚清，同样是在宫中长大的统治者因缺乏文能安邦、武能定国的才能，始终摇摆于战与和之间，遂被东西列强打败，不断割地赔款，将赔款转嫁到民众身上，导致本国革命爆发，清朝灭亡。二是坚持将领袖放在组织中去看待。特别是近代以来，领袖是一个集体，主要领袖做出的决策也是采纳其他成员建议或集体商议的结果，当局势不利或领袖还不具有崇高威望时，组织内多数成员对领袖决策是有影响的。三是坚持将领袖人物放到其对后世的积极或消极影响中去评判。还应当看到人类社会历史发展趋势表明：比领袖作用更长久的是国家的宪法及各种法律。法是统治阶级利益与意志的体现。法具有长期性、稳定性，依法治国才能确保国家的长治久安。虽然在近代以来，有些国家实行了三权分立制，但从广义上来说，法还是属于大政治的范畴，因为凡是涉及到国家、社会、人民的都属于政治。在叙写地方领导人时，我们往往发现：那种不折不扣地完全照搬执行上级政策而没有一点一滴结合地方实际的领导者，基本上是没有多大成就的。不回避地写好历史人物，才能无愧于历史记载之神圣事业。

　　无论什么时代、什么国家，作为指挥系统的政治组织领导的好坏对世界的和平与战争、对本国的进步与倒退、对社会的和谐与动乱、对人民的幸福与苦难都起着十分重要的作用，对人类社会各国的历史走向都产生决定性的影响。过去有一种说法："历史就是过去的政治！"这句话有一定的道理，因为社会的一切合法组织都是在政治的领导下或允许下进行活动的。但如果说：历史就是过去的经济，显然很多人就不认同了，因为经济管不了社会许多部门或地方乃至整个国家。两者比较起来，对社会发展的影响是不一样的：一个是基础性的，另一个是领导性的。经济的需要无处不在，政治的影响无时不在。因此，在记载历史时，全面深入地写到政治的作用和影响，才能真实地体现出国家、民族历史发展变化的决定性因素。

④ 对历史发展产生影响的军事因素。人类聪明勤劳并有组织地创造美好的经济生活和有序安康的环境生活。但是，人类是由不同地域的种族、民族所组成，每个种族、民族都有各自的利益，且人类是从远古的动物进化而来，故并未完全摆脱动物的自私属性，特别有的种族、民族体现出欺压弱小的本性。原始社会末期，一些居住于较恶劣环境而无力以劳动获得足够食物及生存条件的部落，就抢夺、霸占其他部落的劳动成果、土地、水源等；不甘心遭到抢劫与霸占的部落奋起抵抗，双方发生暴力冲突，致人死伤，最后以胜败决定财物及地盘归属，这就是人类的原始战争。战争有很强的目的性与暴力性。为争取胜利，各部落抽出身强力壮者组成有武器的专业战斗队，即最早的军队。随着部落战争的发展，打赢一方占有对方一切，兼并地域，将俘虏杀掉或做奴隶，于是，奴隶制国家产生。统治者将专业战斗队改造为有最好武器、穿统一制服、有较完整建置和统一纪律的军队，使之成为自己对国内镇压异己与下层奴隶暴动的执法队伍；对外抵御别国侵略或执行争夺国家利益为目的的有力队伍。无论后来国家从奴隶社会进入封建社会，还是进化到资本主义社会、社会主义社会等，军队都是领导者夺取或巩固政权的有力"武器"。故在历史上被不少领导者或统治者视为"真正的本钱""最后的王牌"，军强则国强，军亡则国亡。对于执行领导组织或国家的意志与任务的军队及所属事宜的领域，则称为军事，军事就是军队所进行的战事、建设等一切事宜的领域。

军事与政治、经济、文化共同构成国家四大领域，故，军事必然要对其他三个领域产生影响。其一，军事对政治的影响。军事虽属政治领导，但它是专业性很强的独立领域，特别是军队受命于政治所进行与其他军队的战争，是解决政治组织之间、国家之间利益冲突中最具决定性的手段。中国古代从夏朝到清朝，乃至近现代，几乎都是以战争胜负来决定国家政权；世界从古埃及王国至各大洲的若干个王国或帝国，乃至近现代，也几乎都是以战争胜负来决定存亡命运。只有少数是通过领导军队进行流血较少的宫廷政变或不流血的逼宫来实现。如果国家领导人放弃对军队的领导权，致使其保卫职能瘫痪，国家就必然分裂或灭亡，如现代史上的苏联解体。军队和战争还影响着国家建立什么制度及发展走向，如1911年武昌起义爆发，清朝北洋军阀袁世凯率军前往镇压。当袁军凭着优良武器、猛烈炮火，攻下汉口、汉阳要塞时，他不再听清廷继续进攻武昌的指示，而是向革命党表示：愿意接受共和方案，由他"劝"清朝皇帝退位；但条件是要由他来当中华民国大总统，这样就息兵罢战；革命党领袖、已被选为中华民国临时大总统的孙中山出于国家不再战乱与实现民主共和制的考虑而答应辞职让位，这就是历史上的南北议和。但袁达到目的后，派爪牙刺杀民主领袖宋教仁与镇压民主势力，并于1915年冒天下之大不韪，将中华民国改称"中华帝国"，自立为皇帝，使刚入坟墓的家天下专制独裁制死灰复燃，而新生的民主共和制夭折，虽然他仅做了83天皇帝，所率军队被发起护国运动的蔡锷将军的军队打败，但其复辟帝制的倒行逆施却给中国历史带来长久的、极其恶劣的影响。无数以实现民主共和制为理想的中华仁人志士无不报终天之恨！当1927年国共合作发起的打倒北洋军阀的北伐战争取得节节胜利时，掌握军队的蒋介石又为建立独裁制，竟对发动工农群众大力支持北伐军的中国共产党大开杀戒，迫使中国共产党举行武装起义。正如毛泽东指出的"在中国离开了武装斗争，就没有无产阶级的地位，就没有人民的地位，就没有共产党的地位，就没有革命的胜利"。从而得出"枪杆子里面出政权"的结论。可见军事对于政治起着决定性影响。其二，军事对经济的影响。在战争时期，经济必须服从战争需要，粮食、被服与军工是开足马力进行生产，尽其所能支持战争，战争的胜败对经济的影响巨大。在和平时期，无论是霸权国家，还是预防被侵略的国家，其军事建设投资皆占本国相当大的比重；但没有强大的国防，没有敢于向侵略者亮剑之精神，哪有经济建设发展的安全？即使经济发展了，也要被霸权国家掠夺与剥削。其三，军事对文化的影响。战争胜负对国民思想精神之影响是巨大的。战争是残酷的，但在各国历来的史书及各类文艺作品中又是惊心动魄的，形成了丰富的军事战争题材文化。

  由于军事战争对国家兴亡产生决定性影响，故历来成为许多国家史书中的重点，不仅写得有声有色、有头有尾，而且写出战争特点、与政治经济的关系、战争胜败对国家民族命运及后世的影响。这是人类历史学的巨大成就。反映战争的史书有两种：一种是战争专史，另一种是国史中的战争部分，本书主要指后一种写法。近代以来因形象历史学进入理性历史学，在写国史中采取理性写法而摒弃传统形象性写法，一些史书对战争胜负起关键作用的军队统帅制定的战略与将领采取的战术及对战役战斗进行指挥的具体情况叙写不够，给读者的印象为：正面一方胜利是因战争正义性与军队勇敢战斗不怕牺牲，反面一方胜利是由于残暴所致。这就不全面了。故，延续写好以上战争因素：原因、过程、特点、相互关系、结果外，还应写好以下因素：第一，武器的优劣。我们看"战"字，繁体字写法是"戰"，左边"單"在甲骨文的写法类似于"丫"结构，只不过上面是两个"口"，即盾牌的意思，下面表示用手执盾；右边是"戈"，古代步兵用的长兵器，"戰"左盾右戈，一手拿着盾牌护卫自己，一手执着戈矛刺向敌人，防御与进攻是战争进行的基本方式，只不过在热兵器与核武器时代，保护自己的盾是战壕、地道或拦截导弹等，戈则为枪炮、导弹、核武器等。武器好是军队强的标志之一。故，各国对武器的研制一直放在本国或世界科技发展的前沿；军种也随着科技向前发展，古代有步兵、战车兵、骑兵、木船上的水兵；近代工业产生陆、海、空三军；到高科技时代出现火箭军、电子军、太空军等，诸兵种联合作战更趋紧密。故，在史书中应叙写武器与军种的作用，如抗战时期，我国军队屡次在战斗中失利，有的史书是不提日寇武器性能与诸兵种联合作战的，使读者只看到我军不断后撤的表象，这就不全面了。在核武器时代，"戰"

字已简化成"战",意即只有不畏强敌,挺起脊梁站起来,才敢于将导弹射向侵略者,体现了对战争认识的提高,强调军队勇敢精神和锋利武器相结合的战斗意志及战争意识。故,自原子弹于1945使用后至今70余年来,霸权国家不断以原子弹等核武器的核威慑为后盾,加上使用常规武器相结合进行局部战争的方式,威吓弱小国屈服自己的意志接受剥削与压迫;也促使不少国家发愤研制核武器并将试验成功者纷纷亮相,铸成国家军事战略"利剑",同样形成以核武器的核威慑为后盾,使用常规武器进行局部战争防御战相结合的方式,警告与遏制霸权国家勿对自己发动侵略战争。这种斗勇斗智的战与不战的军事形势的持续,对敌方起到的作用常常并不弱于打一场胜利的局部战争所起到的作用。第二,军队的素质。它包括领袖的远见胆略、知人善任,将帅的勇气谋略、临机应变,士兵的勇敢顽强、不怕牺牲。其中制定并实施的战略战术是否正确对于战争的胜败起着关键性作用。历史上战争多是强者胜利,但也出现弱的一方取胜或打个平手。同样以劣势装备的军队对抗优势装备的外国军队,为什么晚清军队失败,而新中国成立初期的志愿军却将以美国为首的"联合国军"从鸭绿江畔打退到"三八线"?从领导层看,1839年,林则徐虎门销烟,第二年英国军舰进犯广州,遭到林率领军民抵抗;失利的英军转攻浙江,此时,身为领导国家军队的道光皇帝,却在宫中享乐,不履行职责、不主动了解战况并询问制定前线打败敌军之策,不即时发出沿海军民的战争迎敌动员令,致使英军又进攻天津,威胁京城;从前线指挥层看,清军将领不敢不实行"御敌于国门之外"的打法,没有制定准备纵深防线,更别说放敌进来采取坚壁清野与夜间近战围攻的战略战术了。从士兵层面看,远战,清军以笨重且射程不远的大炮与英军的射程远、转动灵活的舰炮对射;近战,清军以长矛大刀对阵英军所持的近代工业生产的步枪子弹,由此而防线崩溃是可想而知的。惊慌失措的道光统治集团与英军签订《南京条约》,从此,清朝进入屡遭列强侵略蚕食、瓜分凌辱的衰亡时代。而抗美援朝战争前夕,新中国开国领袖毛泽东主席自 1950 年 6 月 26 日美国干涉朝鲜起,就以对我国和邻国局势发展高度负责的精神,于 7 月 13 日组建东北边防军;当 10 月份美联军越过三八线、快速吞并北朝鲜与朝鲜领袖金日成恳请我国出兵援助时,他毅然作出抗美援朝的决策,派久经战阵的彭德怀为帅,还送自己的儿子赴朝参战,这种意志与精神对部下是多大的鼓舞!志愿军出兵前只有陆军,海军、空军都在初创时期,而美军诸兵种齐全,且有原子弹。对此,毛主席和彭司令员战略上无所畏惧,战术上极为重视,为防止美军飞机轰炸,令志愿军于 1950 年 10 月 19 日夜进入朝鲜,夜行昼伏,布下若干个口袋阵,对骄狂敌军进行围歼,打得敌军晕头转向,前后共歼灭美联军 1.5 万余人,将其赶至清川江以南,取得第一次战役胜利,第二天 11 月 5 日才在《人民日报》上公布:我志愿军已入朝参战!但却没有公布有多少部队。所有国家无不认为中国出兵朝鲜必遭大败。但接下来的战事令所有不看好中国的人们大为惊异。志愿军在毛主席制定的运动歼敌方针和彭司令员的指挥下,主动向鸭绿江畔地区撤退,给骄狂的美联军统帅麦克阿瑟造成"中国军队是怯战退却"的判断,于是他督令陆军分两路直扑鸭绿江畔,空军配合在前方狂轰滥炸,还将这一战略向记者公布。结果第二次战役志愿军以夜战、近战、包围战等战术向敌发起突然猛攻,又先后共歼敌 3.6 万余人,迅速收复平壤,将美联军赶到三八线以南;麦克阿瑟这才大梦方醒:中国入朝作战部队有几十万人啊!此时,敌我士气彼消我涨,志愿军迅速扭转朝鲜战局,为最终胜利打下基础。这样一比较,我们就清楚了鸦片战争为何失败,而抗美援朝为何胜利了。但过去有的史书在写这段历史时,强调由于志愿军在战斗中英勇顽强、不怕牺牲的精神才取得了战争胜利,事实真是这样简单么?一般来说敌军在没有失败的情况下也是不怕死的。英勇战斗不怕牺牲是在执行正确的战略战术前提下才是取得胜利的原因。近代史上,我国战争失败就是因为军队不英勇作战吗?从多次抗击外国侵略军的战争中,我国军队有多少将士血洒疆场?最为人们熟知的甲午海战中,我北洋水师致远号管带邓世昌率全体官兵驾驶受损的军舰开足马力要撞沉日本吉野号军舰,不幸遭敌鱼雷击中而下沉,全舰官兵壮烈殉国,这种与敌同归于尽的壮举不正显示了我国官兵是英勇战斗、不怕牺牲的?但为何屡次失败?除了政治腐败、上层领导不履行职责等多种原因外,单就军事来说:以我国的武器等条件与敌硬碰硬的战斗方式及死打硬拼的战略战术方法不对!如按这种作战方式,我们设想一下:装备处于弱势的志愿军仅以勇敢战斗、不怕牺牲的精神,到朝鲜后先构筑工事,等以美联军的飞机大炮坦克来攻,顽强抵抗或大白天迎着美军的机械化部队和空军轰炸硬碰硬地对打,而不采取夜间抄敌军后路包围它,不对它发起突然的夜战、近战、围歼战,能取得第一、二次战役的胜利?处于弱势的志愿军不用计谋就能取胜?做梦吧!高明的统帅指挥战争是创造歼敌战场,他不仅制定具有针对性的战胜敌军的战略战术,而且制定作战受挫时的应对措施;他对敌方统帅的性格了如指掌,故率领军队能取得胜利、立于不败之地;而自以为是、眼高手低的统帅指挥战争只一厢情愿地制定一套如何战胜敌军的战略战术和强调士兵不怕牺牲、与敌死打硬拼的精神,而没有准备应急措施,一旦受挫就措手不及,军队士气必然低落,其失败就可想而知了。军队的勇敢战斗、不怕牺牲精神是在取得胜利时愈发坚强的。从这个意义上说:决定战争胜败的不是武器,而是正确领导战争的领袖、灵活指挥军队的将帅和勇敢战斗不怕牺牲的士兵。史书寥寥数笔,就真实写出战争胜败的关键原因,这样才体现以史为鉴的价值。第三,影响战争胜负的国际因素。战争不仅与政治、经济、文化各领域及全国人民密切相关,而且还与国际政治、外交密切相关。再看抗美援朝以弱胜强的原因,除了领袖的远见谋略、前线将帅的指挥艺术和志愿军指战员的英勇作战、不怕牺牲精神以及后方人民在物质上精神上的全力支援外,还与国际上苏联的支持是分不开的。军事上,苏联支持了中国、朝鲜武器装备,其中,可装备志愿军60个师。志愿军飞机全部来自苏联(后苏联按半价算),苏军还帮助训练中朝两国空军。当1950年美军被志愿军打得溃败到三八线以南，叫嚣要用原子弹时，苏联派出空军穿着志愿军服装、驾驶战机投入空战，他们在激战中不时用俄语通话，美国佯装不知，但苏联拥有原子弹，这使美国及盟国反复"掂量"，最后决定还是不使用原子弹。政治上，苏联公开支持中朝。美军于1951年1月下旬突然发动收复汉城之战，以机械化优势装备向中朝军猛攻；为保存实力，中朝军退回三八线以北，而美军不断向北推进。此时，苏联于2月份发动所有社会主义国家与爱好和平的国家掀起国际"要求苏中美英法缔结和平公约"与"反对美国重新武装日本"的和平签名运动，并准备发起示威大游行，5月1日当天，全世界的社会主义国家和一些主张和平的国家举行了人民大游行，共达4亿人之多，显示了东方阵营惊骇世界的力量，成为一次国际性政治大战役。从5月2日起，美国国家安全委员会讨论了整整半个月，最后得出结论：韩战不仅是南北双方的问题，也不仅是中国出兵的问题，而是中朝背后以苏联为首的社会主义阵营支持的问题，战争已演变为东西方两大阵营的一场地区性较量，故，建议总统结束战争（在韩战结束40年后的1993年，美国白宫将战时的绝大部分档案解密）。当1951年6月，中朝军队第五次战役运用坑道战破解美联军飞机大炮的凌厉攻势而守住阵地时，苏联驻联合国代表提出倡议：希望战争双方进行停战谈判。由于苏联未公开自己已派出空军参战，故对其倡议，美国面子上能接受。双方于7月10日开始谈判，虽然美军不服气要继续打，但已打不破中朝军队之坚固防线，战争已进入边打边谈的新阶段。又如当1952年美军使用细菌战时，苏联又一次组织东方阵营各国举行反细菌战运动，促使联合国大会不少国家发表反细菌战公论；美国虽拒不承认，但在战场上不得不收敛。故，战争进程与国际政治势力及发展形势密切相关，战争是流血的"政治"，政治是不流血的"战争"，军事政治相辅相成。但历来不少写抗美援朝战争的史书中很少甚至不提苏联的作用，这是不全面的，也是对后世无益的。还有抗日战争，没有国际反法西斯统一战线，仅靠各国自己不怕牺牲的战斗精神能取得胜利吗？绝无可能！虽然以往我们写抗战的史书写了美苏对我国的援助，但只停留在具体的战斗，从全局上支援的数据来看缺漏不少。无论过去、现在、将来，面对类似日寇凶恶的敌人，不建立国际统一战线与之斗争，行吗？全面深入地叙写历史才能以史为鉴。第四，和平时期的军事领域。即使是写国史中相关的军事历史，也应写到和平时期的军队建设、武器更新、军种发展、军事思想方略、军队演练、军事斗争的应变及准备、后勤机制等，军事像经济一样，即使是和平时期也是有发展目标的，对于我国和世界上大多数国家而言，发展军力不是为了侵略，而是为了强军，军强才能国安。当然，无论是写军事战争，还是军队建设，实事求是始终是写史的根本原则。

战争是残酷的，源于战争爆发之因是利益的冲突。当人类社会的科技、经济、文化高度发达到全世界每一个地方的种族、民族、每一个人都丰衣足食、住行舒适的时候，当人类的经济利益、文化思想都广泛交流认同，并共同认为没有必要再保留国家而使之消亡的时候，就是它的工具军队及其开展的战争消亡的时候。那时就是人类永久和平的大同社会的时代。那是古往今来多少思想家和广大人民所向往的理想世界啊！但在这之前还有一段很长的路要走。在核武器时代的今天，世界上极少数常挑起局部战争、破坏和平的霸权国家仍以"弱肉强食"为行事准则，而不以大多数国家所认同的"合作共赢""互相帮助"为准则。在此形势下，弱势国家如不注重发展必要的军事力量、不注重加强团结，是十分危险的。在国家至上时代，承担保卫人们安全的军事，如同生产人们需要吃穿住用行的经济、组织人们有序工作与生活的政治、建设人们思想道德文明进步的文化那样，对于人类社会的生存发展不可缺少。因此，在记载历史时，要全面深入地写出军事的作用、影响及地位，才能体现出国际军事相对平衡以实现世界安宁、国家安全、社会安定、人民安居乐业生活的根本因素。

⑤对历史发展产生影响的文化因素。除了政治、经济、军事之外，人类作为最高级动物，还有精神愉快的需求。原始社会末期，人们劳

动、打猎获得丰收，会愉快地唱歌跳舞，把内心的喜悦表现出来，而观赏者也能从中获得愉悦。于是，人类创造了将这些美好的形象保留下来的形式：在墙壁上描绘图画。壁画可保留，但图画不是人人都能画得像的，于是，人们发明了近似图画的简单笔画符号——象形文字，部落或新产生的国家将创造的文字广泛使用，如传说黄帝就令仓颉造字，并推行之。有了文字，人们就能将美的形象、感情愿望等记录下来，自己可欣赏；也可传给后人欣赏，后人在此基础上再创造，代代延续。于是，产生和发展了美术、音乐、舞蹈、文学等各种艺术形式。文字的产生标志着人类文明时代的文化产生。因受所居环境气候等影响，各个民族产生了各自的生活习惯，因此，对美的欣赏与表现不同，这就形成了不同的民族文化，其民风民俗、价值观、道德观等亦不尽相同。近代有的文化学者提出：凡是人类从古至今所从事的一切劳动及其成果都是文化，称为"大文化"，故对文字产生前原始社会留下的遗迹器物皆以"文化"命名。但这里所说的文化不包括文字产生前蛮荒时代的原始文化，而是指相对于国家的经济、政治、军事领域而言的人类思想认识、精神情感及其表现形式领域的文化。文字成为文化得以有意识地记录与传承的重要工具，文字产生后的最初文化就是人类精神愉快的需求及其表现的艺术形式。故，文化最初、最基本的功能就是通过艺术表现形式使人们获得精神愉快的娱乐功能。这就是为什么文明时代的文化产生了几千年，至今各国文化部门依然是主管美术、音乐、舞蹈、戏剧、文学等艺术部门的缘故。但文化的内容、形式、功能是发展的，人们用文字记录下所见所闻及所经历的一切，大致可分为：一类是记录生产、自然等现象，并探索总结创造其知识、特点、技能、经验和规律等，传之后世；后人在继承前人成就的基础上，进行创造，代代相传，于是，劳动工具从石器进步到金属器、进化到以电为动力的各种机器等；产生了农业学、天文学、数学、物理学等自然科学，故，文化增加了认知功能。另一类是记录生活、社会等现象，并探索建立人与人相处的道德规范与法律准则，并传之于后世；后人也在继承前人成就的基础上，进行探索，代代传承，于是，不断建立完善道德规范与法律准则，国家用以教化人民崇尚道德、遵守法纪、安居乐业，从而产生了伦理学、法律学、政治学、语言学等社会科学。故，文化又增加了教化功能。这时发展中的文化就是人类创造的科学知识、道德规范、法律准则及其运用的表现形式。国家至上的时代，一刻也离不开生产创造、安定环境，故认知功能与教化功能成为文化中的主要功能。当把教化与娱乐结合起来对民众进行寓教于乐的宣传时，就潜移默化地在国民中树立良好的社会风尚，这时，文化的另一个重要功能产生了，这就是在一个国家内形成的民族共同道德观、价值观、文化认同感，即文化凝聚功能，民族凝聚力的强弱从根本上决定着国家存在时间的长短。但人类的天性是不断追求先进的，有电灯就不愿用蜡烛，有汽车就不愿坐马车，体现在文化上就有不断探索创造文明进步的社会环境和对越来越美好的幸福生活的向往。文化还有着人类的最终理想目标，那就是没有剥削压迫、没有战争杀戮、和平发展、和谐文明的世界大同。这时，文化发展到最高阶段，文化的终极功能就是文明引领道德自觉，简言之：文化的自觉功能。几千年的文化发展表明：文化是人类创造的艺术、科学、道德品行、制度规范、民风民俗等思想认识精神情感及其表现形式，是人类区别于其它动物所独有的生存及发展方式。"文"在中国甲骨文中写成一个人形，上面一点是头，一横写成左右两边低一些，形似双手，交叉的中间不像现在是没有什么的，而是有花纹图案。在文字创立初，文与纹之意相通，化与画亦然。"文"的原意是文（纹）身，将美好的花、错落有致的条纹"化"（画）在身上，有打扮、化妆之意，以体现美；后文扩大开来，就是将美好形象、情感品德等表现、表达出来，"化"是感化、教化、变化之意。文化就是以文化人，以高尚道德、真挚感情、奋斗精神及其美好的艺术形式感化人，以科学知识、创新思想、美好理想教化人，内化于心，外化于行，使之变化为高度文明的人及人类社会。文化的最初与最终目的都是使人愉快幸福。文化是文明的表现形式，文明是文化的精神实质与终极目标。

文化与经济、政治、军事共同构成国家四大支柱，故，它必然对其它三方面产生影响。

第一，文化对经济的影响。文化中的科学技术、知识经验等是经济各行业中的工作者所必须具备的，没有就须学会；经济工作好坏，更是与工作者是否遵守职业道德、敬业精神、工作纪律与具有的工作热情和发挥主观能动性直接相关，这些都是员工的文化素质。故，经济领域的工作虽然不是文化，但它具有文化性，其产品、成果、成就是具有文化的工作者生产创造出来的，并且经济成品的适用性往往与文化的艺术性相结合。故，人们常说饮食文化、服装文化、旅游文化经济等。经济发展得好的企业，必然有一支在专业技能、敬业精神、创新性、营销性、素质性皆强的员工队伍。一个国家也是这样，中国改革开放40多年来，由较落后的经济体发展为世界第二大经济体，当我们回望来时路，不能不看到一个耀眼的起点，那就是从1977年恢复高考至2020年高考，我国高校共吸收培养了各类专业的合格大学生1.3亿人，这是何等丰厚的人才资源。这是文化教育对经济发展打下的最坚实的基础。当工业高速发展带来环境污染时，世界上的科学家纷纷提出保护环境的生态文明发展方向，进入新世纪初，我国适应世界进入生态文明新时代，积极倡导爱护自然、保护动物、和谐共存、绿水青山就是金山银山等生态文明的文化经济理念，并健全环保机制、完善法律法规，使危害环境的企业受到抑制，有些进行科技处理后废物利用，形成循环经济。环保经济使不少地方环境优美与经济发展双赢，成为经济发展的健康模式。文化思想对于经济发展的方向、效益是显而易见的。

第二，文化对政治的影响。一是文化中的某种学说成为国家的指导思想。中国古代对建立管理国家运行的政治体制与相配合的指导思想是有过探索的。秦始皇在"富国强兵""依法治国"的法家学说思想指导下，在实现中国统一之后，建立了领导全国各地郡县的中央集权制，统一文字，奠定了中国大一统的政治体制与文化认同基础。但秦朝仅存15年就灭亡，究其原因，与其过分施行法家的严苛刑法有关。后汉高祖再统一，建立汉朝，虽采用郡县名，实则恢复西周时将国土赏赐给亲属及有功之臣的分封制，历经四代，产生七王之乱，汉景帝平息内乱，汉武帝继位后总结历史教训，一方面对诸王国进行"推恩令"的一再分封，实则将诸侯国越分越小以强化中央集权制；另一方面"罢黜百家、独尊儒术"，确立由春秋时期孔子创立、经历代弟子丰富的儒家学说为国家的正统思想，其思想提倡"三纲五常"，即君臣、父子、夫妻的等级伦理道德观念，爱国必忠君，忠君即爱国；孝敬父母；妻从夫为德。各人在朝、在职、在家皆各尊其道即为德；提倡仁心、正义、礼貌规矩、有知识又明智、守诚信等道德品行；采取中庸之道，做事不走极端；施行先公后私、先国后家、忠孝节义等一整套人对国家社会与对人之间的品行规范。儒学提倡的等级伦理道德思想使人们各守本分、安居乐业，有利于国家的长治久安。汉武帝以此教化国人，故，中国开始形成在法制上依法治国与在思想上以德治国相配合的运行机制。汉朝一共经历400余年。此后中央集权制与儒学正统思想被历朝历代所延续，其间国家虽出现过多次分裂，但又实现了多次统一，这成为中国在世界国家发展史上最突出的特点。如果说把中国大一统的中央集权制比作机器的话，那么，确保其长久运转的润滑剂就是儒学。但儒学亦有缺憾，到北宋时期，因重文轻武，朱熹等儒学家为巩固皇权，在儒学里加进了自己解读的思想，确立"存天理，灭人欲"等观点，将儒学的伦理道德发展到极端，形成了此后"君叫臣死，臣不得不死"的愚忠观念，而不管朝廷制发的政策法令是否符合实际情况、是否已造成失误，只是一味地上行下效，不少人不是对事业发展负责，而是对上级官员的"认可"负责，欺上瞒下，谎报战功，腐败盛行。经宋元两朝后，明清两朝仍不断强化儒学的"非礼勿视、非礼勿听、非礼勿言、非礼勿动"的绝对愚忠观念，儒学愈来愈成为禁锢人们思想的"紧箍咒"，使中国发展缓慢。当西方资本主义国家兴起后，对我国发动鸦片战争时，中国开始了被动挨打、被瓜分的历史。为救亡图存，杰出的中华英杰反思儒学思想，其中产生了孙中山的三民主义思想，在他组建的同盟会领导下，辛亥革命推翻了落后的封建君主制度，但国家没有统一，还遭到帝国主义列强的蚕食与大举侵略。直到中国共产党成立，在其领导下，中国人民取得新民主主义革命胜利，于1949年成立新中国。中国共产党对民族传统的态度是取其精华、去其糟粕，确立了以马克思主义为国家的指导思想，并建立在这一思想指导下的社会主义道德风尚与法律制度，其中继承了民族传统精神中优秀的基因，全面建设法治社会，使国家长治久安、人民安居乐业。这种体制与思想文化传统延续着中国的大国历史。世界上不少辉煌的古老帝国早已分裂或消亡，中国仍能战胜近代劫难，延续几千年历史，实为世界史之奇迹。因为大一统、天下一家的思想早已潜移默化、根深蒂固地成为中华民族代代相承的思想文化、生活习惯和深厚感情，"国好家才好"，中华民族之文化是以国为中心的共同感情为基础的文化。文化对任何国家政治的影响都是深远的。在中亚，伊斯兰教长期影响着阿拉伯国家的历史，先后以宗教为号召，建立起了阿拉伯帝国、土耳其帝国等，至今还有政教合一的国家，如伊朗，其宗教领袖就是国家最高领袖。在欧洲，基督教长期影响着中世纪的国家历史，发生了为争夺领土而打着捍卫基督教旗号持续近两百年的驱逐异教的十字军东征战争。二是文化的创新思想往往成为国家社会变革的先导，如春秋时期各种思想学说形成"百家争鸣"，导致战国时代秦国采取法家依法强国学说，推动了统一中国进程，建立了领导全国郡县的中央集权制。又如17至18世纪法国的思想家伏尔泰、政治学家卢梭、法学家孟德斯鸠等掀起了思想文化上的"启蒙运动"，他们在剖析封建主义制度基础上，构建了资本主义制度的完整学说，导致美国爆发独立战争、法国爆发大革命，最终建立了资本主义社会制度。故，在不同历史时期，代表人类前进方向的思想家所提出的在当时的先进文明思想就具有超前的文化引导功能。当然，思想家的思想引导功能之成效是需要实践来检验的。政治思想学说和宗教都是文化的范畴，但作为执政党和国家的指导思想，又超出了文化范畴而具有政治性。三是历史文化铸成的民族性格对国际战争与和平的影响。国家的历史是民族性格的体现。如即使到了经济科技高度发达的 21 世纪，靠着血腥征服与举起"进步"旗帜发展起来的美国更是以唯一超级大国自居，欺负侵略其它国家、在世界上横行霸道，体现了"强食弱肉"的观念，从美国 1776 年建立至 2020 年的 244 年里，就有 222 年在打仗，当然，绝大多数战争在国外进行。在近百次战争中，它也有遭到挫败的，如越南战争与阿富汗战争完败而撤军，朝鲜战争只达到一半目的不得已停战。这三场战争都在中苏（俄）两国周边爆发，前两场战争都有中苏不同程度的参与抵抗，后一次尚待考。强行征服与欺骗舆论成为自苏联解体后美国采取的一贯做法，像这样好战征服、霸道成性的国家，希望它能对世界和平保持安宁是一种幻想。它今天在世界上的霸道行径是两百多年来好战历史的延续，其行动愈来愈显现出统一世界的目标企图，但它以武力和蒙骗能达到目的吗？故，写史书中要体现出对象之历史特点和文化铸就的民族性格、价值观与理想目标等。写清楚了国家民族的文化之谜，就写清楚了国家民族的行为方式之谜。这就是史书中应体现以史为鉴的价值所在。

第三，文化对军事的影响。晋朝初期，晋国镇南大将军杜预随身携带记载春秋历史的《左传》，打仗间隙，常手不释卷，阅读揣摩，并对全书详细注解，集成《春秋左氏传集解》一书，成为后世史家首推注释《左传》最权威之专著。杜预将春秋战例与亲身实战相比较，融会贯通，常打胜仗，完成了皇帝司马炎交给他统率大军灭掉吴国的使命，使中国再度进入统一时期。明末清初，皇太极令清军将领必读《三国演义》，对其中的奇谋良策细心体会，结合战场使用，他本人就是用反间计促使多疑酷虐的崇祯皇帝杀掉得力大将袁崇焕的。描写 19 世纪前期俄罗斯抗击拿破仑法军侵略战争的小说《战争与和平》，在 1941 至 1945 年苏联军民抗击德国侵略军的卫国战争中成为读者最酷爱的读物，斯大林在发表红场阅兵式广播演说中，提到了击败拿破仑的俄罗斯元帅库图佐夫的名字，用以激励全军士气。苏军战胜德国侵略军的方略仍然有同于祖辈战胜法国侵略军的战略，即沿途军民坚壁清野，利用侵略军不适应极寒气候与机械化部队无法展开之机，苏军乘势反攻，最终使德军走上法军失败的老路。苏联军民坚信：祖辈们在100多年前能战胜侵略者，他们也能战胜眼前的侵略者。因此，该书的影响已远远超出文学。文化对军事胜利的例子不胜枚举。毛泽东曾说："没有文化的军队是愚蠢的军队，而愚蠢的军队是不能战胜敌人的。"

在文化中，最引人注目的是那些闪耀着永恒光芒的思想精神、神奇科技、魅力作品及其伟大的创造者。从奠定伦理道德思想的孔子到点出万物变化规律的老子，从叙写春秋《左传》的左丘明到"史家之绝唱"《史记》的司马迁，从咏叹《离骚》的屈原到斗酒诗百篇的李白，从笔底生风、金戈铁马、畅写《三国演义》的罗贯中，到镜花水月、痴男怨女、泪作《红楼梦》的曹雪芹……一部中国历史的天空中闪耀着多少明亮的文化之星。从思想先哲柏拉图到革命导师马克思，从制造天文望远镜的伽利略到发明电灯照亮人类黑暗之夜的爱迪生，从西方史学之父希罗多德到预测世界未来文明的汤因比，从咏唱史诗的荷马到创作经典戏剧的莎士比亚……一部世界历史的银河中闪耀着多少明亮的文化之星！他们的名字成为人类文明史中不朽的闪光坐标，他们的思想引领着人类前进的方向，他们的天才加速着人类文明的进程，他们的灵感滋润着人类心灵的幸福，他们的精神推动着人类奇迹的创造！没有他们，人类的夜晚要黑暗得多；没有他们，人类的文明要缓慢得多；没有他们，人类的眼界要狭隘得多；没有他们，人类的感情要苦涩得多。故，在各国历史中记载他们是应有之举；在各地方历史中记载家乡文化名人，是记史者的职责。

历史唯物主义认为：文化是对经济、政治、军事等一切社会领域与自然的反映，又给予积极的作用和影响。文化是国家的文明程度、是国家的发展方向、是国家各民族从制度到情感的凝聚力、是国家发展的精神动力与潜在能力，文化是民族的灵魂。每一个国家的民族文化都有特点。互相交流，取长补短，相互尊敬，和善相处，是生态文明和谐共存时代各国的明智之举。历史表明：残酷的战争不能统一世界，和谐的文明最终能赢得人心。世界人民渴望一个永久和平文明的社会。从古至今，多少思想家构想过世界大同的理性社会，虽然还未能实现，但人类从未停止追求的步伐。2013年，中国提出"人类命运共同体"的目标和"一带一路"合作共赢的倡议，得到许多国家响应，这条路方兴未艾、不可限量；在生态文明时代，自然界生命愈来愈受重视的今天，我国又提出人类与自然生命共同体的理念，深得各国赞同。尽管世界上还存在着极少数霸权国家，但终究阻挡不住大多数国家共同进步。如果说政治是通过组织进行领导的话，那么，文化就是通过思想感情、道德精神的文明力量引导着人类前进的方向。故，在记载历史时，全面深入地写到文化本身的发展及对社会的影响，才能体现出国家民族的文明进步，体现出各国向着全世界人类最美好社会前进之必然趋势的根本因素。

那么，在人类社会的国家至上时代，影响国家历史进程的经济、政治、军事、文化四大领域的关系究竟是怎样的呢？经济是国家生存发展的基础，政治是国家生存发展的组织保障，军事是国家生存发展的安全保障，文化是国家生存发展的思想智慧；其中任何一个职能发挥欠缺，国家都不会长久生存与兴旺发达，只能是日益衰败以至消亡。故，在记载国史中，写好经济、政治、军事、文化相互间的关系及作用，具有以史为鉴的重要价值。

⑥对历史发展产生影响的自然科学技术因素。自然科学技术本来属于文化的范畴，但它在文化中的作用是特殊而巨大的。进入近代以来，自然科学技术对人类的生产与生活的作用影响越来越重要，对历史学的作用影响也越来越凸显。例如电的发明与使用，使人们感到须臾不可或缺；又如原子弹、氢弹等核武器的产生，从根本的意义上遏制了世界性战争的爆发。这就表明：其一，自然科学技术的进步成果

不仅增加新的生产工具、生活用具，改变着人们的生产方式，提高着人们的生活质量，而且对国家、世界发展的影响都是巨大的，甚至还常常起到决定性的作用。科学技术广泛运用于人类社会生产生活的一切领域，这就决定了它在历史学历史书中所编著的内容和意义上体现的作用必然占有越来越大的分量，这是内容上。其二，自然科学技术的成果为记载、反映、传播与研究历史及历史学提供了有效的技术手段，如产生图片史册、影视纪录纪实历史片，方便保存的电子档历史文字图片等资料，还有追踪探测、分析数据、鉴定文物与历史遗址等的作用，这是使用工具上。其三，自然科学技术重视实证和不带主观意识、不带感情色彩的客观反映及探索事物特点规律的工作态度与思想方法，为历史学提供了有益的借鉴。使之更加准确地记载反映历史，促进历史学的不断向前发展。当然，人类社会的历史反映不可能没有主观立场和感情取向。历史学家虽然是记载、反映、研究过去的历史，但也应当和科学家、思想家一样具有超前的意识，把历史学的眼光放宽些、放远些，如本书第一部分、第二部分中提到的历史包括自然史，历史学包括自然史学，用生态文明时代全面性的历史学观念来著述历史，历史不仅仅是人类社会的历史，它还包括自然界的历史，即使在写国家或地方或国际历史时，也不要忽略对自然灾害的如实记录，以提示和警醒人们以史为鉴。以上所说的历史学在记载反映历史的内容上、工作的使用工具上、研究的方法上和以史为鉴的预见上，不可忽略对历史发展产生影响的自然科学技术的因素。

⑦对历史发展产生影响的利益驱动因素。利益是人类社会活动的原动力。但利益并不都是经济利益，也有政治利益等。就绝大多数人而言，利益支配着看事物的角度和判断，人们永远会情不自禁地、自然而然地服从于自己的利益。但作为世间上最高级动物的人类，这种利益之争常常又以政治、道德、法律等合理合法合情的"外衣"加以打扮装饰，这样才能得到更多人的支持和拥护。其中道德是最能说服大众的，因为道德具有利他（她）性，具有服务于社会公众的特性。

道德是言行对与错的准则，是人们常常认为的好人与坏人的界限：有道德的人是好人，无道德的人是坏人。而"利益"一般只能说服与之相关的人。其实，人们在政治、经济、文化等方面或问题上的分歧往往就是基于利益的不同。历史上大大小小的事件的驱动力就是利益。无论是国家、地方，或是集体、还是个人，都有各自的利益，利益是推动其行动的目的。俗话说："无利不起早。"两千多年前著述《史记》的司马迁写道："天下熙熙，皆为利来；天下攘攘，皆为利往。"作为统治民众的国家也是有自己的利益的，只不过国家利益是国民的公共利益，一个地方的利益就是地方民众的公共利益，一个集体的利益是所有成员的公共利益。集体利益建立在个人利益基础之上，地方利益建立在若干个集体利益基础之上，国家利益建立在若干个地方利益基础之上。利益有国家的大利，有地方的公利，有集体的公利，有个人的私利。当它们之间发生矛盾时，地方的公利要服从国家的大利，集体的公利要服从地方的公利，个人的私利要服从集体的公利。因为只有国家的大利得到确保，才能确保地方的公利、集体的公利，只有确保集体的公利，才能确保个人的私利。因此，为了大家的公利，即为了国家的利益，就必须提倡爱国主义的思想信念和感情精神，人民的共同利益就是国家利益，国家利益就是爱国主义的组成部分，是国家不断发展的原动力。国家的职能首先就是要保持国内稳定，保护国境不受外敌侵略，使社会各行各业工作者和广大的人民群众安居乐业，创造丰富的物质生活和美好的精神生活。任何地方、任何集体或任何个人都不应该也不能够破坏国家稳定、民族团结、人民安居乐业的局面，否则必将使地方的利益、集体的利益和个人的利益最终受到伤害。这种国家的大利益就是国家政府行动的动力和目标。19世纪英国首相、政治家帕麦斯顿说："没有永恒的朋友，也没有永恒的敌人，只有永恒的利益。"这个利益原则不仅成为国际关系中国家与国家之间交往的基本原则，而且成为地方与地方之间、集体与集体之间、个人与个人之间交往的自然的、一般的基本原则。在国家历史中，利益往往是发展的驱动器和原因。因此,在记载历史时,写清这种利益因素,对于理性认识历史发展的深刻原因具有积极的意义。

⑧ 对历史发展产生影响的道德因素。人类毕竟是最高级动物,不仅要获得利益,而且要使获得的利益符合精神世界里的认可和满足,这就是道德。道德不仅在人们的生活生产及社会活动中起着重要作用,而且在国家发展中也起着巨大作用。古往今来的国家治理通常是法治与德治。国家的政治指导思想往往是和道德结合起来的。因为只有国家的政治指导思想是为人民(或称国民)时,才能够最大限度地获得支持和拥护。社会的进步离不开人们对道德的追求,人类文明的发展离不开对高尚道德社会的向往。为什么孔子在中国影响最大?因为他成为道德体系的奠基者,不是说从他开始才有道德,而是他把道德规范化,使之为国家等级制度、社会秩序和家庭伦理服务,为历朝历代所沿用;即使到了近代以来的执政党领导的社会,也继承了其合理的部分,继续着传统的道德。世界上没有一场革命变革是不需要道德作为唤醒人们的发动机的,人们那样奋不顾身,除了严密的组织纪律外,在思想精神上也享受到道德给自己的崇高满足感!在和平时期也有道德影响,可见道德的影响多么巨大!从某种意义上来说,人类几千年来的社会文明进步就是在否定过去不道德的历程,如奴隶社会的任意关押、屠杀、买卖奴隶;封建社会农民有了少量的土地或租种地主的土地,有了比奴隶相对更多的自由;以后的资本主义社会、社会主义社会都是在原来的社会已走向极不道德的基础上掀起新的道德行为的结果。这是道德和文明的进步,也是人类社会发展的重要动力和目标,是人类对美好生活环境的憧憬和现实需要的精神慰藉。在历史书中体现道德也是社会进步的重要动力,能使读者全面地了解到国家社会发展的历史的全面性。写历史书是不能忽视道德影响的。

⑨ 人类历史不断进化的观点。人类社会的历史是从低级向高级发展的过程。也就是说:人类历史总的走向是向着进步的,无论是科学技术的进步,生产、生活条件的不断改善,还是社会制度的不断进步,

或是人们对道德思想精神的不断追求完善等。但是，人们在某些时期并不是越来越崇尚道德的，要看时势而定。一般来说，每一个国家的开创初期，往往政治清明，人们的道德风尚较好；而在无德暴君当政时，往往贪污腐败盛行，特别是战乱年代，人们饥寒交迫时，往往就无视道德。因此，对道德的追求不是像自然科学技术那样是越来越先进，是根据时局的发展而定。因此，写史时不能无视人类总的进步的必然因素，还要区分相对的历史曲折的螺旋式上升的发展轨迹。

⑩ 历史循环论的观点。历史由盛到衰，又由衰到盛，循环以往，以至无穷。中国两千多年前的思想家、哲学家老子曰："祸兮福之所倚，福兮祸之所伏。"就揭示了万事万物变化发展的规律。人类社会的国家历史也是这样。《三国演义》开篇第一句话就写道："话说天下大势：分久必合，合久必分。"15世纪后期至16世纪前期意大利的政治学家、历史学家马基雅维利也认为："国家存在着兴衰变化的规律，由治到乱，又由乱到治，这是必然的。"这种历史循环论是从对国家客观发展的历史中总结出来的！对于我们在历史书及历史学中进一步认识探索自然、社会、人类的特性及其变化规律，具有积极的意义。写史时应当考虑这种历史发展的自然规律作用。

以上各项影响历史发展进程的因素是相互作用的，例如世界历史上许多大帝国到后来都分崩离析了，但中国至今依然是一个泱泱大国，屹立于世界的东方。其原因有源于秦始皇开始的从中央到地方大一统的政治制度；有源于文化上的文字度量衡的统一；有源于在此基础上的思想意识、情感习惯的大一统；有源于以孔子开创的等级伦理道德学说及仁义礼智信等中庸之道，具有极大的包容性；有源于民族的稳重、坚韧的性格。写清它们之间对历史发展的相互影响，能使史书全面而深刻。因为历史学家的任务不仅是告诉人们过去发生过什么事、出现过什么人，还要告诉人们为什么会发生这些事、出现这些人。他所陈述的绝不只是作为单个的事件、单个的人的史实，而是要将之叙述于因果关系及逻辑发展之中，呈现历史之间的必然与偶然相结合的结果。总之，要将历史写成前后连贯、体现发展逻辑的史书！

以上是就国家史的写法而言，这里探讨一下地方史。在不少国家，尤其是较大的国家，史学界更多的工作者书写的是地方史，地方史与国家史既有相同处，又有不同点。首先地方上的政治组织和官员是受全国组织领导的，因此，在叙写史书时，一般有一个全国大背景，这是地方史的必然性，地方史中出现的种种有地方特点的表现形式，就是地方的相对性。其次，经济是地域性的，尽管有的地方经济已十分发达，但仍脱不了它的地方领导性。文化上，地方上的文化不能与全国性的文化相违背，其指导思想、伦理道德、价值标准要与全国相一致，只有在这个前提下，地方的风土习俗、生产特点、生活习惯、表现方式等才具有独特的文化特色。军事上，地方与有全国明显的不同，虽有驻军，却是全国统一领导的。写人类社会的史书，无论是针对全国还是地方的，都应当写到人，全国性的人物被称为"历史人物"，地方上影响大的应当是地方上的"历史人物"，而在我国不少地方编著的地方史书里，在写地方性的历史人物方面是做得远远不够的。

除了国家史、地方史，还有国际史，即世界历史。世界历史必然会涉及许多国家，一般写的是从古至今影响大的国家；而且编写的过程中必然要体现著者所站的国家的角度、立场、观点、感情等。这是难以避免的。

综上所述皆关于人类社会史的史书观点，至于自然史，那就要好写得多，因为它不涉及人的社会组织、人的利益立场，也不涉及人的感情，有什么就写什么。只要文字上条理通顺、符合逻辑、尊重自然客观规律、尊重自然科学技术发展规律即可。

自近代至今，著述史书，如果不能体现深刻独到的史学观点新见解，就不算上乘之作。重视前人和今人根据历史发展总结出来的经验，并在此基础上形成新的观点是至关重要的。

写史中的甘苦：这看起来是一个"软指标"，确实是写史中的"必经之路"。写史不同于文学创作，它更像是"做衣服"，将按款式尺寸

（即史书体例）裁好的布料，一块一块地连接起来，最终做成衣服。写史也是这样，要将材料整体写成前后连接，具有发展逻辑的历史书。因此，这不是一挥而就，而是需要一个个阶段、一个个方面、一个个事件、一个个重要人物或一个个问题地去写，反复锤炼，方才写成一编又一编、一章又一章、一节又一节、一目又一目的前后连贯的史书。经典的史书犹如浑然一体的天然之作！

（7）编著文字史书的第七道"工序"——修改编校史书。

编著历史学文字史书的第七道工序是修改编校史书初稿。就是对初稿进行补充、精论、校正，从内容到形式尽量做到完美。这是决定史著是否成功的关键。

① 修改史书初稿，看有没有史实上的错误。史实上的错误一般是指时间、地点、人名、数据等的错误；对模棱两可的、不确切的、拿不准的史实要么不写入，要么恰当处理好，绝不能出现史实上的错误；也不能出现自相矛盾的错误。近代以来出的有些史书有插图，对于有图片的史书要避免出现文字说明与图片不一致的"张冠李戴"现象，图片的正误很容易被读者看出。无论是文字叙述的史实，还是图片反映的史实，都必须一致。否则，将会直接影响史书在读者心目中的印象，并直接决定该史书的权威性。

② 修改史书初稿，看有没有需要补充的史料。特别是那些在历史中具有决定性的、标志性的、阶段性的重大事件和重大变化的史料，这就需要查阅一下相关历史的"大事记"，或查阅一下相关历史资料，发现哪些鲜为人知却又可用的史料。补充有用的史料，使史书更全面、更连贯、更丰富、更深刻、更翔实，这是史书撰写成功的重要基础。

③ 修改史书初稿，看有没有需要修改的史论。论是著者的德才学识和情感的综合体现，有写不到位的，须补充；有多余的，须删去；应言简意赅，简洁而又深刻，富有启示，史论是各部分乃至全书的灵魂。写好它、修改好它，往往需要提神之笔，以达到画龙点睛的效果，就会使史书更上一个层次，是史书撰写成功的关键因素。

④ 修改史书初稿，看有没有统一规范地编著史书。其一，检查史书目录上的文章与相对应的正文中的文章标题是否一致，不能出现目录标题与正文标题不一致的情况。其二，检查史书目录上标出文章的页码与相对应正文中文章所在的实际页码是否一致。其三，检查史书正文中的各类标题的字体、字号是否规范统一，如章节体史书中的各"编"的标题用统一的字体字号，各"章"的标题又统一用较小一些的字体字号，各"节"的标题再统一用更小一些的字体字号，到各"目"的标题也统一相对于以上标题用再小一些的字体字号，如有"页下注"则统一相对于以上标题用最小的字体字号。其四，检查编辑正文中数字用法的规范，尤其是对于中国人用汉字书写史书，就容易碰到这样的问题：究竟是统一用汉字数字，还是统一用阿拉伯数字？或者两者皆用？一般来说，统一用一种数字在书中整齐清楚，但对广大读者而言，平常阅读看惯了一些早已约定俗成的历史名词的汉字用法，如"三线建设""四个现代化""五卅运动"等，如果著者因统一数字的缘故，使用阿拉伯数字，成了"3线建设""4个现代化""5·30运动"，就会使读者感觉别扭、奇怪，甚至陌生，因为有的数字历史名词的汉字用法是凝聚着民族感情的。故这里主要论及"两者皆用"的情况：一是对所写的年月日数字用阿拉伯数字；二是表达数量词的数字用阿拉伯数字；三是在表达次序数字时一般用汉字；四是带数字的历史名词用汉字，等等。切忌在表达年月日时，既用阿拉伯数字，又用汉字；在表达带数字的历史名词时既用阿拉伯数字，又用汉字等。其五，在引用其他著作时，注释是补充说明正文的有效方法。因此，重点检查各个"注释"比正文更小一些的字形字号的统一，明确究竟是用"页下注"或"文尾注"，还是用"书尾注"。当然，根据情况，有的书是用两种"注"。单一注与多种注各有长短，不做强求。以上各类标题、页码、正文、数字、注释的字形字号用法分别统一，规范一致，就是史书在形式上的成功。

⑤ 校对史书初稿，一丝不苟地校对书稿。书稿一般是有错别字的。因此，校对是一项非常重要的工作，直接影响到史书的质量。校对工

作虽然简单，但却需要不厌其烦、认真负责的工作态度和精神。字、词、句是否有错，段是否遗漏或重复，等等。通常所说的对书稿要实行"三校"，其实是不够的，因为第一校没有校出的错别字、句，甚至段就仍然保留在书稿里；而第二校的"查校"与第三校的"查校"则不会对通校漏掉的错误再进行"查对"；等到史书印刷出厂阅读时，定会发现不少错误。因此，校对史书，起码要校对六次以上：第一校是"对校"，将原稿件与初印的稿件进行逐字逐句逐段、从标题到正文、到标点的全部对照校对，第一校的校对是最累的，因为既要看原稿，又要看打印稿，这一校的好坏将为以后打下基础；这一校校完后，不要忙着打印出二校样，应当进行通校，即第二校，不必看原稿，通读全书找出错别字，将一校中忽略漏掉的错别字、词、句、段找出来，有疑问时再去翻看原稿，补了一校中的不足。二校完后，就可以打印出新校样；然后进行三校，即查校，又称"查红"，检查上两校中用红笔标出的错处是否已改。查校过后，就进行四校，即通校，再通读全书，找出错别处，将前两次通校中还没有发现的错别字找出来，以补前两次通校中的遗漏之处。四校完后，打印出三校样，再进行"查红"，即五校；然后，再进行通校，即六校，再次通读全史书稿，将前几次通校没有校出错误的地方找出来。到了这时，经过了四次通校（含对校）、二次查校，一般来说书稿内容基本正确了。但如果精益求精的话，还应该对历史名词、历史人物名字、历史事件名称等与时间、地点、数据等进行专门查校，以免出错；再有就是封面、目录、标题、注释、版式、封底，这些极不容易注意而又影响大的地方，要反复校对，再打印，即增加专门的两次通校与两次查校，共为四次，再加上前面提到的六校，全书校对达十次，其中六次通校，四次查校。这时，应当说书的差错率极低了。校对直接影响着史书的质量，20世纪80年代，一次科技书籍颁奖大会被中央电视台以专题"焦点访谈"栏目报道，其中就讲到有将近 1/3 本该获奖的科技书籍，就是由于校对不认真，在一些名词、科技数据等方面与原稿不符，出现校对上的失误，致使不能获奖。这是何等深刻的教训啊！认真校对史书的这道工序是我们写成并出版高质量史书不可缺少的重要组成部分。有的史书、志书由于编校与计算数据等问题，出现错误，使之不能取信于读者，这是很遗憾的。

编校完成后当然就是将书稿送至出版社，按有关规定办理相关手续，并经出版社专业编辑审核，三审三校，经完整书稿加工流程，再出版。

编著完成一部历史学文字史书的基本程序为：搜集史料——辨别史料——整理史料——撰写专题——汇集专题——拟定提纲——著述史书——修改初稿——编校定稿——出版发行。

在历史书的流传中，在对广大读者的影响中，我们不应忽视、不能不承认历代对广大读者产生深远影响的"历史演义小说"的存在和发展。历史书与历史演义小说有什么基本的相同点与不同点呢？相同点都是以历史为叙述的对象；但历史书著述的是真实的历史，即以历史档案或历史实物等为依据所编著的历史书，如古代中国的"二十四史"、世界上各个古老帝国（王国）的史书，近现代的世界各国所编著出版的本国历史以及世界历史等。历史书便于人们查阅，作为对历史认知的标准答案。历史演义小说以真实的历史人物、历史事件为叙写和描述对象，一般在历史过程及结局的大事上基本是符合历史的；但在若干具体的细节描述上有不少虚构的成分，甚至于将天神、宿命论与历史相结合，赋予历史浓厚的神秘色彩，可读性极强，普及率广，深受广大读者的喜爱，是学习历史的启蒙书和引导读物，也是历史剧剧本的重要来源之一，如明朝罗贯中最终写的《三国演义》、改革开放以来二月河创作的《康熙大帝》《雍正皇帝》《乾隆皇帝》等。历史小说对于历史，有七实三虚或六实四虚，即与真实历史有一定的距离。要了解真实历史，必须再去翻阅史书，甚至拿历史演义小说与历史书相对照看。有不少青少年就是从阅读历史演义小说开始，热爱历史并进一步学习真实的历史。因此，我们不应该忽略后两者对广大读者、对国家民族文化的深远影响！

2. 绘编历史学的图画史册

图画史册，是以图画反映历史。绘画是世界上人类创作与保留了几千年的反映生活与历史的形象艺术。在世界各国的历史中，都有以绘画来表现历史人物形象的，或以绘画来连贯地表现历史上的战争或社会生活故事等，既体现了历史的丰富性、生活的多彩性，又体现了绘画的艺术性。在绘画史上有我国历代宫廷画师为帝王描绘的肖像画；有敦煌莫高窟诸佛像壁画；有嵩山少林寺众僧练武的壁画；有北宋张择端的《清明上河图》；明代唐伯虎的山水画等。在国外有达·芬奇的《最后的晚餐》；德拉克罗瓦的《自由引导人民》；达维特的《拿破仑穿越阿尔卑斯山》等。

但是，由于绘画是一种用画技来创作的形象艺术，因此，不是每个人都能够做到的，只有极少数的天才可以达到无师自通、得心应手的水平；绝大多数画家都是经过勤学苦练才能达到。这不像学文字，只要会写就行，字写得差些也不会影响著述史书。而绘画就大不一样了，如画成了"四不像"，就像俗话说的"画虎不成反类犬"，就不会得到广大观赏者和读者的认可，就影响了以绘画来反映历史的本意了。再者用绘画一般来说比用文字表达相同的内容所创作的时间要多得多。因此，相对于文字史书来说，流传下来的绘画史册要少得多。但不可否认以绘画来反映历史是一种表现形式，自古以来就存在。

用绘画来表现历史，有单幅画，也有连环画。单幅画一般表现历史人物的肖像画比较多，也有表现历史上特别有名的战争场面、表现市井生活的等。在绘画中，连环画体现了历史的延续性，是比较理想的一种表现历史的绘画形式。像20世纪50至60年代由上海人民美术出版社编绘出版的《三国演义》60本连环画书，《水浒》21本等，影响了一代又一代的少年儿童。虽然历史演义连环画不完全等于历史书，但这些技法精湛的连环画书使广大小读者初步接受了历史故事的教育，并使他们产生了对历史的浓厚兴趣，他们对三国历史的情结就是从看这些历史演义的连环画书开始的。这说明技法精湛的单幅画、连环画同样可以表现史书上记载的历史,并流传后世。只是我们从来没有把连环画提升到它应有的地位,在史学界、文化界,包括美术界不少人认为:连环画不过是儿童看的小画书、小人书。其实连环画正是以图画来表现历史进程的最好形式!

  要完成绘画史册,特别是连环画史册。要经历哪些基本程序呢?其一,这不是哪一位画家可以独自完成的,一般要搭建"绘画班子",由一位画家做主编,数位或数十位画家按历史时期分别承担相应内容的史画部分。与文字史书一样同样需要搜集史料,主要是前人遗留下来的史画,有人物画、战争画、生活画等,搜集这些图画史料,当然要在档案馆、图书馆、高等院校美术院系、书画院等。其二,前人没有留下的史画,就要搜集史书等相关资料上关于记载描述的人物特征或战争特点等。其三,根据历史书拟定绘画的素材是事件还是人物等,并拟写出"说明文字","说明文字"就像剧本。根据"说明文字",初步确定要以多少幅画来反映这一历史事件或人物经历,又要用多少本画册来连续反映这一段历史时期的史实。其四,由各部分的画家根据绘画史与文字史,领会其精神进行创作绘画,首先画出能体现特征的重要历史人物形象,因为在绘画中最重要的就是人物画,特别要突出重要人物的特征。汇总后集思广益,由主编决定,重要历史人物的形象,包括经常穿的服饰。决定图画史册采用什么绘画技法,例如油画、国画、水彩画、工笔画、写意画等。其五,再由各位画家进行绘画。绘画是一种艺术,艺术就要讲究环境的情景、意境、气氛,人物的相貌、眼神、气质、服饰、高矮胖瘦美丑、言语神态、行为举止等,每一位画家不仅仅是在画,而首先是着笔之前的创作构思与绘画中的完善,除了人物肖像特写外,一般表现人物言谈神态、行动表现与周围环境、战争场面、市井生活场景等,是要讲究画面的构图美感、比例与视角的,是有不同色彩的厚薄搭配凸显明暗对比,从而体现画面立体感的;即使只用黑色,与没有画的白色部分也能体现画面的立体感。《三国演义》《水浒传》《西游记》《红楼梦》《岳飞》《杨家将》等不少连环画成为绘画精品。只不过它们大多是历史演义的表现。而出版发行的有些连环画书只有线条，却无着色（哪怕只有黑色），结果缺乏立体感，只见线条，苍白无力。失去艺术性，因而也失去读者。其六，仔细核对每一幅画与"说明文字"是否相符，这种图文解说，要说明图画上是些什么人，正在干什么，地点在何处，什么年代等；而画面上的人物应有喜怒哀乐的表情及性格神态和行动表现等。使观画者、读者如见其人，如闻其声，如见其景。这是就画面的内容而言，这就要求说明文字与历史画面相互符合、相得益彰，而不是张冠李戴。历史性、思想性、艺术性高度统一，相互融合于连环画史册。解说与图画同样重要，既要简洁又要具体，通俗易懂，老少皆宜。

　　连环画册的确是了不起的发明，当然它的历史已经很悠久了，自从有了图画就逐渐出现了连环画，把生活（历史与现实）和艺术技法、说明文字结合起来，达到了育人于轻松愉快的效果。但连环画史册的生命与灵魂是画面的精美。以连环画来反映历史，其实就是形象上的创作。在画法技艺上应当选准，工笔画长于人物的细腻表现，与写意技法相结合，形神兼备，这种结合式的画法，是适合表现历史的，但至今画正史的连环画佳作却不多见，至少在中国是这样。在连环画中，在表现人物的容貌、服饰上，黑色起到了衬托人物性格的作用，如在优秀连环画《三国演义》中，用浓黑描绘张飞的眼睛、胡子、衣服、马匹等，体现了猛张飞的性格等。因此，工笔画、写意画相互融合，会创作出反映历史的黑白色历史连环画册。如果是彩色历史连环画，当然离不开水彩画技法。经典的历史连环画书起到形象地传播历史的作用，又起到令人赏心悦目的艺术效果，深受广大读者特别是少年儿童读者的喜爱。连环画册是文字史书的具体形象，也是便于流传后世的史书，应当予以充分肯定。当然，用连环画反映历史的这项工作是只有较高绘画技艺而又热爱历史的画家才能做到的。因此，它不像文字史书编写那样容易被广泛推广，也不像科学技术发展起来的照相照片史集那样很快为人们所掌握推广，但它无疑是表现历史的一种形式。而且随着科学技术的发展，用灵便的机器绘制历史连环画册也不是不可能的，也许在不久的将来，这种历史连环画册会大量地创作出来并出版发行。

3. 编制历史学的照片史集

照片史集也是形象史书，但它与传统手工画在制作上有本质的区别，它是人类社会发展到近代工业文明时代的科技产物。它用照相机将眼前形象在瞬间定格拍下，如实地、真切地反映客观现象，拍摄相片和洗相片全过程所用的时间比起手工画来说是大大地缩短了，效率是大大地提高了。这是文字史书、手画的图画史书之后反映历史方式的一次革命性的、根本性的变革。这种瞬间定格拍下照片的形象的真实性，是超过任何画家与作家描绘与描述的历史形象的。因此，照片史集成为近现代以来广泛推广的反映历史的重要表现形式，成为传统文字史书的有力佐证和重要补充。

编辑照片史书要经历哪些基本程序呢？其一，同样需要搜集历史资料，照片史书的主要历史资料当然是历史照片，因此，应当到新闻图片出版社，那里有多年来供报纸画报用的记者照片；到日报社资料室寻找历史报纸上刊登照片的线索，一般有记者的名字作为寻找原照片的线索；到图书馆历史报刊部去查阅，现在的图书馆为历史报纸配备了先进的看片机，看到后，即可复印下；还有输入电脑的，可拷贝下；向所要反映的历史阶段的亲历者征询照片，可现补照。其二，将各种渠道搜集的历史照片进行先后次序的排列。根据编辑照片史集的主题思想与搜集照片的丰富程度，决定是否补拍一些。其三，将决定采用的照片排序后，给每一幅照片写出"说明文字"，说明照片上是什么时间、什么地方、什么人物、什么事件、什么内容。使观赏者了解照片反映的历史具体内容是什么。其四，仔细核对照片与文字说明是否有错。绝不能张冠李戴，这是照片史集最忌讳的错误。其五，在发达国家，反映20世纪30年代前的照片为黑白照片，反映30年代后的照片多为彩色照片；在中国，反映20世纪80年代前的照片多为黑白照片，80年代以后的多为彩色照片。同样可以分为不同时期前后编排在一本照片史集里，体现不同时代的特点。其六，照片史集是历史的体现，也是艺术的展现。印刷照片史集很注重用什么纸张印刷，这直接影响照片史集的质量。这是很重要的关键因素。不要因为"节约"，舍不得用专业印刷照片的铜版纸，导致印刷效果不理想。以后再印刷，"豆腐盘成肉价钱，多的钱都浪费了"。没有达到照片史集的应有效果。照片史集做得精致，可以使鉴赏者既了解了历史，又感受到摄影照片的艺术美感。

当然，摄影技术、洗相片技术、电脑修正照片技术等很重要，不要出现"废片"，照片必定有一个表现的艺术形式问题：构图取景、比例结构要符合人的视觉美感，光影恰到好处。有的画面是近景人物特写，有的是远距离广角全景，有自然光、灯光，有光亮度的光感问题。历史照片是历史的真实形象，但至今还没有像文字史书"二十四史"那样影响大的照片史集，照片史集还大有可为。应当重视！现在有的做成图片史集，既有人工画，又有摄影照片，以照片为主，人工历史画为辅。同样以瞬间的艺术形象体现历史的发展。

4. 制作历史学的录放音史集

录音、播音也是人类社会发展到近代工业文明时代科学技术的产物，自从有了录音机、话筒与广播喇叭，便有了对现实社会活动与生活进行记录反映的录放音资料，过了一段时间后，就成为历史录放音资料。国家或地方政府等组织的专业录音者将重要人物的演讲报告录下来，就成为历史录音，将某人物的录音整理成集，就是录音史集。录音当然不仅是为了录，更是为了播放。录放音史集反映着历史，与其它史书相比所不同的是，它不是用眼睛来看，而是完全用耳朵来听，可以真切地听到当时历史人物讲话的声音。通过播出的历史人物的声音，听者可以感知其思想感情、意志品质、性格特点、声音特征等，历史的形势通过历史人物的讲话的内容与声音也可感知。历史上一些领袖人物的声音是具有永恒意义的,如丘吉尔的广播演说《绝不投降》、斯大林的红场阅兵广播演说、毛泽东在天安门宣布成立新中国的声音等,把影响历史的声音编制成集,仍不失为一种真切地反映历史的方式;当然,历史录放音史集较之其它史集的连贯性为弱,因为历史人物在不同时间的演说及讲话声音之间无联系;要联系起来成为连贯的史集,一般就需要配音员的解说。客观上造成制作声音史集相对于其它反映历史的形式,至今较少。尽管如此,以录放音史集来反映历史仍是一种方式。像图画史册、照片史集一样,录音史集必须有说明,要让听者明白历史人物的演说是在什么背景下讲出来的,这样听者就知道历史人物的演说的历史背景、作用价值及历史意义。因此,历史录放音史集是文字史书、图片史集的补充,历史录放音史集的制作播放应受到重视。

5. 制作历史学的影视形象史书

科学技术发展起来后所产生的影视音像技术和设备,使记载历史有了全新的方式,这就是影视历史纪录片纪实片集。历史纪录片纪实片集表现手法与过去各种单一的方式大不相同,它是多种手段相配合的综合性的表现方式,具有活动的人物形象和环境场面,又有环境配音和解说,它反映的对象活灵活现,使观众见其人、听其声、观其景。影视历史中的纪录片与纪实片是不完全一样的,纪录片是当时的现场拍摄的,如中华人民共和国成立70周年前夕,俄罗斯将当年苏联记者在天安门现场拍摄的彩色纪录片《新中国成立》赠送给中国,经过中央档案馆的翻译等技术处理,我们可看到开国大典真实的场面情景。里面没有画外音的解说词,没有配乐。片中主持人的讲话、领袖的宣告和讲话以及军队检阅,完全由当年的人物讲,片中的音乐是当时的乐队奏的。因此,这部历史纪录片原汁原味,史料价值极高,其历史的真实性是毋庸置疑的。这种历史纪录片可能将来会成为人们了解真实历史的主要方式,成为对历史真实形象的主要"记载"体。而历史纪实片则是将纪录片进行编辑、连接，加上介绍评论的解说词、配乐等，使之成为全面连贯的历史片。历史纪实片反映了编制者对历史的解读认识。用音像反映历史的作品一般就是指以影视音像器材和技术，拍摄记录、汇集剪辑、编辑制作成反映人类社会、自然界以往发展过程的历史纪实片集，它与传统用毛笔书写的竹卷史书或纸章文本史书、鹅毛笔书写的羊皮史书、钢笔书写或铅字印刷的纸张合订本史书不一样的是表达形式。它是在照片史册、录放音史集基础上的又一次飞跃，是反映历史方式方法的又一次革命性的、根本性的伟大变革。它以图像、音响和解说词等综合表现形式反映历史为最鲜明的特征，是一部立体式的、"活动"着的"历史书"，是科学技术与历史学相结合的结晶。因此，它一出现，就以真切的、生动活泼的表现形式深受广大观众的青睐。这类历史片随着电影、电视的发展，已有100多年的历史。这种以影视为手段，记录与反映历史发展的历史片不少，其中有些反映事件、人物的历史片成为经典。如反映第二次世界大战的纪实片。

但是，从整个历史学的发展史来看，以西方为例，像古希腊史学家希罗多德的《历史》那样具有划时代影响的、为广大观众所熟知的现代影视版的"历史书"还不多；在中国，像《史记》《汉书》等那样为广大观众所熟知的通史性或断代史的历史片至今也不多。这就在客观上向史学界、影视界提出了拍摄历史片的任务；也向政界、档案界提出了开禁近现代史料的要求。纸张文本史书以其严谨可以编修为正史，那么，"影视史书"同样以其严谨可以制作成影视版的"正史"。

影视历史书相比竹卷史书、纸张合订本史书、图画史册、照片史册、录放音史集，有自身的长处：其一，具有鲜明生动的历史人物形象、环境场景、人物话语、解说配音等，还有记录的历史人物的声音等。形象真实、画面流畅，影视史书使观众不感到枯燥乏味，趣味性强。其二，体积小、重量轻，内容丰富。2 000多年前的一部竹卷史书要用马车来装运，所谓"学富五车"；到了纸张合订本史书也有几十本；但到了今天，几张薄薄的光碟就可囊括一部史书的内容，轻巧到可以放进随身包里。其三，普及率高，我国史书过去"之乎者也"的古文难懂，"二十四史"有4 000多万字，一个人毕其一生，未必能读完，而且书贵，历史片光碟则便宜得多，薄薄一张光碟几十元，甚至几元，容量却不小，价廉物美，体积轻巧，携带方便。

  当然，用影视制作历史集时也有一个体例的问题，是拍专题叙事本末体片、专题纪传体片、全面反映历史片，还是散文式咏叹历史片……要根据所记录和反映的历史对象以及资料的丰富程度而定。历史片的编制须以解说词为纲，解说词与主题思想是历史片的灵魂。解说词一般是以文本史书为基础写成的，文本史书史实的正误、丰富、逻辑和结论影响着解说词的水平，也就影响着影视历史纪实片的质量。一般来说，以影视手段制作正史的解说词，须由资深的历史专家起草。因此，影视技术专家与历史专家相合作，才能较好地完成"影视历史书"这一时代命题。影视反映历史，首先是一个艺术问题，而且是综合性的艺术问题，甚至是各类人才分工合作的问题，采访记者、摄影师、剪片与组合编辑、解说员、审片等。音乐也必不可少，有了音乐，才使影视片有了生气和光芒！否则，犹如生活没有阳光，花朵没有色彩，历史纪实片会显得毫无生气、死气沉沉。历史虽然不是艺术，但历史需要表现形式的艺术性，它需要体现艺术的规律。像文字叙述一样，镜头也是有次序顺序和逻辑的。要从左到右、从右至左，从上到下、自下而上，从远到近、从近至远的镜头推移、转换与逻辑，而不是像下跳棋一样，镜头一会儿反映这里，一会儿又跳跃式地反映那里。解说词与画面推移的一致性，光感明暗对比的恰当等，要符合观众视觉听觉的一般审美艺术和逻辑，以更好地反映历史。所有的表达、表现形式、表情达意都有一个最佳角度、程度和效果的问题，这就是艺术。历史影视片的艺术性，能使历史书有效地打动观众！

  长期以来，史学界，尤其是地方史学界存在一种现象：对于使用科技新成果于著史中并不积极，固守于现有条件，不是从战略的、全局的、发展的意义上重视自身或与影视界合作，编制通史、断代史的新的"历史书",即通史历史片与断代史历史片,将它们纳入"正史"的范围;影视界囿于专业所限,也与史学界合作不够,拍摄播放历史片也仅仅是作为应时的宣传之作,具有短期行为。也许是历史学部门缺少影视器材、人才队伍的机构设置,而影视部门又缺乏历史学人才的机构设置所导致。以至于成为文化发展中长期呈现的"缺憾"。历史学与人类创造的其它科学的产生、发展一样,总会受到自然科学技术的影响而不断向前发展,无论是记载反映历史的表现形式,还是史学观念。

  伟大的时代,不仅体现在政治上的统一安定,体现在军事上的强硬强大,也体现在经济上的富裕昌盛,还体现在文化上的丰富繁荣。即政治统一是前提,军事强大是保障,经济发展是基础,文化繁荣是体现,四位一体才构成一个强大富裕的国家。历史学基本上属于文化的范畴,如果说先秦时代的文化繁荣特点是思想言论,汉赋、晋字、唐诗、宋词、元曲、明清小说是各个时代的文化艺术繁荣特色的话,那么,电影电视就是新中国的文化艺术繁荣的特色。历史学就应当是这一时代的体现,伟大的时代需要伟大的历史著作,如像汉朝需要并产生了《史记》《汉书》,盛唐时代需要并产生了《晋书》《梁书》《陈书》《北齐书》《周书》《南史》《北史》《隋书》,占"二十四史"中的八史,成为著述正史最多的朝代;而且唐朝还产生了历史学家刘知几著述的中国历史上第一部历史学理论专著《史通》,它系统点评与总结了历史学各种体例著作的利弊得失,并提出史家应具有"史才、史学、史识",为历史学的发展做出了贡献;还产生了文学家、思想家,也是史学家的柳宗元就战国初期产生的史学名著《国语》的史学批评专著及对历史的理论评价《非国语》;并且产生了历史学家杜佑著述的中国第一部典章制度通史《通典》,开创了中国"典制体"史书,而且这位身为宰相的历史学家在书中体现了鲜明的依法治国的思想,比起其它体裁的史书,《通典》更具有经世致用的特点。当中国历史发展到 20 世纪并进入 21 世纪,在电影电视发明了 100 多年的今天,将"二十四史"与"清史""民国史"共二十六史拍摄成经典的通史性与断代史的历史纪实片集，也应成为我们这个高科技发达和生态文明的新时代在历史学方面的新课题，但目前我们对影视史书的重视还远远不够。这就需要文化界与史学界的提醒。

在拍摄制作历史纪实片集时，须指出的是历史纪实片与纪录片是不同的，它是对过去史料的编排、制作与补拍，观点是经过历史检验的、正确的观点；而新闻纪录片是纪录与反映正在发生的人和事，它没有经过历史的检验与沉淀。但，新闻纪录片将来会成为编制历史片的重要资料，即重要史料之一。因此，编制断代史和通史的历史片与文字史书一样，需要搜集整理与鉴别史料，不过它搜集的史料除了以往拍摄的新闻等资料片外，还有图书，主要是文字史书。按照治史主题思想，撰写与修改解说词，按照解说词的线索与制作大纲，选取史料，再进行拍摄或补拍、编纂、剪辑、修改、审片、定片、播放、发行等治史过程。有熟悉历史发展与研究得出的符合历史发展规律的历史专家撰写的解说词初稿，有精湛拍摄技术与丰富编辑经验的影视专家拍摄制作的影视历史片，有以往存留的档案史料片和可补拍的历史图片、文字档案、实物、遗址等史料，经过长时间的合作努力，一定能编制出我国或各个地区的通史与断代史的历史片。我们环视一下：用影视来反映生活的文学艺术的电影故事片、电视连续剧成为经典的如星汉灿烂；而反映从古至今真实历史的历史片成为经典的并不多。任何时代的科学技术新成就都应当反映该时代的社会各行各业及其生活的方方面面；换言之，任何时代的社会各行各业及其生活的方方面面都应体现该时代的科学技术新成就。作为记录与反映人类社会以往发展进程的"历史书"也不例外。因此，完成历史科学与科学技术相结合的结晶——通史与断代史的影视历史纪实片，就成为划时代的文化发展使命。这是档案界、影视界和史学界义不容辞的千秋事业！

几千年来，以文字记载历史的书籍的体例早已发展成熟。但以新兴的电影、电视、互联网来反映真实历史，可以说还是在初期阶段。

就像校对书稿一样，影视历史纪实片中的资料镜头不要张冠李戴，不要为了配合解说词去用不是该历史时代、该事件的其它历史镜头来"充数"。不然,就会给知晓历史资料镜头的观众留下"失真"的印象(没有相应的历史镜头,不如用自然景观的镜头),这种情况出现得还不少。从长远来看,镜头上的张冠李戴的操作方法是背离了治史的实事求是的原则,会使历史片的质量和权威性大打折扣。

在这里,我们不得不提到近几十年来中外所拍摄的历史故事片,有不少是基本忠实于历史的。它们在向广大观众普及历史知识上起到了很大作用。尤其值得肯定的是自改革开放以来,中国产生了不少反映新民主主义革命时期历史的电影故事片和电视连续剧,如《南昌起义》《四渡赤水》《长征》《延安颂》《西安事变》《血战台儿庄》《长沙保卫战》《百团大战》《三大战役》《觉醒年代》《建党伟业》《建军大业》《开国大典》等,组成了基本完整的反映民主革命时期的历史故事集。片中的历史人物在重大关键时刻所持的态度及所讲的话在历史书上基本都有记载,都可以查到。反映民主革命时期的战争题材片成为中国当代影视史上的一大"亮点"。无论是从传承历史的角度,还是从以史为鉴的角度,我们都不可小觑影视所起的作用。当然,历史档案片、历史纪实片、历史故事片再怎么受广大观众喜欢,它也代替不了文字史书,因为它有一定的局限性,它具有强烈的带动性,带着观众往前观看,观众没有停下来思考的余地,除非看完了片子。而文字史书虽不像影视历史片那样活灵活现,但可使读者在阅读中停下来,掩卷长思、举一反三,书在表达思想方面比影视片要方便、广阔、深刻得多。但历史档案片、历史纪实片、历史故事片是文字史书的有力佐证和重要补充,使文字、影视相得益彰!

6. 制作历史学的互联网形象史书

今天我们处于互联网的时代,上网的人数日益增多。在 20 世纪 90 年代,中国的软件市场中,一款《三国志·英杰传》广为流行,这套游戏是日本公司制作的。它是以动画连贯的方式,按照《三国演义》

上的各个人物的形象制作、以故事进程展开游戏的程序，从虎牢关三英战吕布一直到三国统一。打得好就统一成功；打不好就失败。许多人，尤其是广大青少年喜欢玩。这给我们一个启示：制作网络动画史书软件，以动画连贯的方式，按照史书上各个时期历史人物的形象制作历史书，值得一试。这就是网络动画史学历史书。不要小看这种科技产品，任何文化表现形式都可以产生好的历史著作，就像芭蕾舞剧艺术既可以表现欧洲上流社会宫廷贵族豪华优雅的生活，也可以表现近代中国苦大仇深的白毛女和翻身求解放的红色娘子军。同理，互联网动画艺术既可以表现《三国演义》的故事，也可以表现真实的"二十四史"。科学技术的不断发展，在叩击着历史记录者的心扉：难道不该采用新的工具和方法来增加历史记载的形式吗？实践终究会得出肯定的回答。

7. 编著、制作全面性历史学史书

在论及编著、制作全面性历史学史书之前，有必要对近代以来不少人心目中对历史学史书的固有狭隘的观念进行剖析。如对历史学的解释，不少人认为研究历史的学说才能称作"历史学"，记载、反映历史则不能称为"历史学"。按照这种狭隘的观点，在著述历史书时是不能用描写、对话等细微文笔的。按照这种观点，中国传统史书中的著者司马迁、班固等"二十四史"的著者不能称作"历史学家"，只能称作记载历史的"史家"。按照这种观点，只有研究历史的特点、规律及方法等的理论学说才能称为"历史学"。这就把历史学的发展带进了"死胡同"。这种狭义的历史学观点，自近代以来，一直影响着、左右着历史书的著述，以至于造成读者极不感兴趣于这种观点下所写成的历史书。以史育人、以史资政的历史学功能大打折扣。这种"历史学"观点的一个基本错误在于将"学"狭义地理解为科学学说的"学"，充满着理性的、逻辑的、条理的"学"，把历史学这种特殊的学科与一般的学科画等号。照这种"学识"观点，恐怕连描写与反映生活的文学作品也不能称作"文学"了，只有研究作品的"文学评论"或研究文学规律的理论才能称为"文学"了。这是不能恰当认识"历史学"的特殊性与文学的特殊性所造成的。历史学与文学是相近的，正所谓：史笔近真，文笔近艺。即相对写法更接近艺术的文学作品而言，历史著作的写法更接近真实，真并不等于空洞与一般化，而是真实的形象。文学的形象可以是虚构的，而历史书的形象是历史上确有依据的。在古代不仅中国，还有不少国家对帝王的记载就有"起居录""实录"，如朝鲜、日本就有"御前会议记录"等，即当时的史官执笔在会场的旁边进行记录，虽无发言的权利，却有记录的职责。这些记载的材料保存在皇家的档案里，就是作为写史的史料。因此，那时写史是以这些记录材料作为依据的，所以写出来的是基本真实的人与事，历史学中的形象是有文字记载或长久以来的传说为基础的，历史的形象性笔法是以不改变真实的历史记载为原则的。但当时的记录工具不可能很快记录下，于是，对连不起的残缺部分，在有基本史实的基础上，历史学家做了合乎事件形势发展和历史人物性格逻辑的叙写，应视为基本的真实。在18世纪的启蒙运动时期，德国的哲学家康德把自然科学的设想与论证方法明确地用于历史研究，在这一思想指导下，可找到原来没有的历史线索和史实。他将自然科学的设想说应用于历史追寻和研究的方法在西方被认为是研究历史的一种方法、一个流派。在这里可以说历史学与侦探学有相似之处：侦探学如果什么都要以现存的证据来破案的话，有许多案件根本就没有办法破，或者根本就破不了。然而，我们看到侦探学运用了人类思维的特长，在有一点迹象的基础上进行合理的推理与想象，结果许多证据即使埋在地里或是沉在水底，都被找出来，证实了符合事实发展条件与逻辑的想象推理是正确的。历史学可以说也有类似情况，如果囿于狭隘的、仅有的资料，而不做合乎历史情境及人物性格与事件发展逻辑的推理，就找不到更多的历史资料与线索，甚至是有阶段性标志的史迹，发现不了历史发展的具体过程和规律，就不会有突破性的成就。历史是复杂的，不能用一般性来概括一切，如在人类的国家发展史上处于基本相同的条件下，古代不同的帝王、近现代不同的领袖遇到基本相同的困境时，会做出不同的选择，甚至完全相反的选择，导致产生不同的、甚至完全相反的结果。20世纪50年代初的中国抗美援朝就是最明显的例子，可以说没有毛泽东就没有抗美援朝，也就没有至今东北的安宁。如果只用概念化的一般语言，不能用特殊的描述具体过程的语言，就反映不出因历史人物不同性格的多样性、经历的复杂性所导致的历史进程加快发展或延缓发展的曲折性，就写不出、反映不出历史发展的特殊性和真实性。没有对历史的具体记载、反映，那么，更多的今人或后人以什么作为研究的基础？又怎么保留那些闪烁古今的故事和人物呢？为什么司马迁写的《史记》和司马光主编的《资治通鉴》以及历朝历代历史学家们写的史书能长久地流传于世？因为他们不仅写出了历史上人物的事迹，而且写出了他们的思想感情和喜怒哀乐的人性，因为他们的史书寓形于史、寓情于史，把史写活了！广大读者正是从阅读历史的细节中感悟人生，感受历史的魅力。而近代以来不少史书仅有简单历史过程、特点规律，故只有专业人士愿意看。传统历史学家，为了记载历史，为了记下历史中那精彩的瞬间和岁月，忠于历史的职业道义感和崇高使命感促使他们写成史书，留给今后的人们了解。在传统历史书写法中有一个现象：史学家建立在丰富史实基础上得出的名言警句会使读者想起相关的历史故事和场景，如"项庄舞剑，意在沛公"使人想起鸿门宴上的刘邦、项羽、项庄等人的宴会情景；又如"狡兔死，走狗烹；飞鸟尽，良弓藏；敌国破，谋臣亡"使人想到越国的范蠡、文种，甚至西施，又想到了汉初的韩信；再如"风萧萧兮易水寒，壮士一去兮不复还"使人想起荆轲；又如"岳母刺字"，如果没有这样感人的记载，哪有后来"精忠报国"的故事和精神流传下来？只要是人，都有生活，都有故事，都有思想，特别是都有感情。近代以来的不少史书一则囿于理性认识的偏激；二则生怕写形象就会失真，担心记史不真，就限制和废弃真实存在的历史形象不记录，结果导致历史记忆的缺失，这不是因噎废食的做法吗？以上所举的这些传统史书中的句子所展示的人物故事、场景气氛及人物情感，不能不使读史者获得一种感动或感悟，这就是传统历史学中描述历史的语言特点及魅力，它所蕴含的哲理品质离不开形象，正所谓：哲理不离形象。由于近代强调历史的"真实"，无论世界，还是中国确有不少史书是"真实"了，但干巴巴的，枯燥乏味到极点，这种写法没有了形象。以上所举的发展极致的历史学，实际上就是近代以来形成的理性历史学，它在哲学思维上以自己认为是正确的理性写史方法去代替形象的感性写史方法，这是思维的单一性、片面性。正是这种思想导致了近代以来的史学史书遗漏了许多宝贵的历史记忆。历史学没有具体记载、反映历史具体情况作为前提的"历史学"，是不全面的、不真实的、狭义的学说，历史叙事记载是历史学这门古老学科耕耘了数千年的传统；而只有议论没有具体记载，就不能被称为历史学，至多只能称之为"历史哲学"。

近代以来，史学界一些学者始终认为不能写形象的历史，形象的历史就是不真实的历史。从19世纪末开始，自然科学技术的发展，照相技术、影视摄像技术等的推广应用，不断地向理性史学家们提出了问题：历史究竟有没有形象？历史究竟有没有人的感情？显然，那些照片、影视纪录片已经一而再，再而三地肯定：人类的历史是有形象的、有表情的，更是有感情的、有精神的！而这些都是穿越时空的，给予世世代代的人们以永恒感动的！作为记载反映历史的历史书不能丢掉历史形象和历史感情，也不能抛弃传统的记载历史的方法，即不能否定古代传统方法的感性史学。否则，再好的历史规律道理和哲理没有生活形象作为基础，都不会被人们从心里真正认可。历史的说服力不够，广大的人民群众不喜欢看，这样的史书何谈以史育人、以史资政？在丰富历史生活基础上产生的格言警句，都体现了哲理的智慧和语言艺术的魅力。这样的经典史书流传千百年，不仅给后世留下了一笔丰厚的史学遗产，而且也留下了精美的文学遗产和珍贵的教育遗产。这样的著者既是历史学家，也是文学家。

如果把历史书都写成"以论代史"，合自己认识到的观点的史实就写，不合自己的观点的史实就不写，那么，当后人读到这种"以论代史"的史书时，其掌握的历史发展具体过程及其知识与在此基础上形成的历史见识是何等的片面与局限？社会发展到高科技时代的今天，可供实现反映历史的方式方法已多种多样。各种文化层次的读者、听众、观众的需要也是多种多样的，历史学的认识发展也更加深远。因此，编辑历史画册、编制历史录音、制作历史影视纪实片、制作互联网历史动画片等也被纳入正史的表现形式及范畴。我们编著的历史书正如本书第三部分中所论述的，成为包含体例上的编年体、纪传体、叙事本末体、章节体、融合体，表现形式上的文本史书、图片史集、录音史集、影视史集相互补充印证的"合成体史书"。

综上所述，无论何种体例的文本史书，当它们合成统一分部、互相补充、互相印证的合成体史书时，它们的观点、史实、数据应当是一致的。

（二）总结历史经验教训，以史为鉴

"前事不忘，后事之师"是一句将历史与现实关联作用的名言，记载历史是为了记住前人所走过的路，是为了在感情上、在思想上纪念，更是为了吸取历史的经验教训，以便更好地走今天的道路。唐太宗李世民说："以铜为镜，可以正衣冠；以古为镜，可以知兴替；以人为镜，可以明得失。"他以隋朝的失败为教训，时时警醒自己和身边的大臣，君臣共创了中国历史上盛唐时代的贞观之治，奠定了大唐前期繁荣的基础；在中国新民主主义革命时期，中国共产党领袖毛泽东指出："指导一个伟大的革命运动的政党，如果没有革命理论，没有历史知识，没有对于实际运动的深刻了解，要取得胜利是不可能的。"[①]他以历史的经验教训一再告诫自己的同志，全党共同努力，取得了改天换地的

[①] 毛泽东：《中国共产党在民族战争中的地位》，《毛泽东选集（第二卷）》，人民出版社1952年版，第521页。

伟大革命胜利，建立了新中国；邓小平根据共和国建立后近30年来经济发展起起伏伏的经验教训，做出了改革开放的决策，开辟了中国经济快速发展的新时期。这些以史为鉴的例子不胜枚举，都是建立在丰富的历史知识及其经验教训基础之上，有着深厚的历史底蕴。古今中外的政治家、军事家、经济家等，凡成功的事业家，可以说无一不是善于吸取历史经验教训的智者。公元前1世纪古罗马共和国的执政官、政治家西塞罗曾明言："历史是人生之师！"14世纪后期至15世纪前期文艺复兴时期的意大利历史学家布鲁尼也指出："历史的最大作用就在于提供可做比较的活动及其后果的范例，以及在许多事情上提供指南。历史使我们更加聪明，更加谦虚！"[①]而16世纪后半期至17世纪前期的英国思想家培根那句简洁的名言更道出了真谛："读史使人明智。"19世纪后期至20世纪前期的俄国思想家普列汉诺夫曾说："历史上往往惊人相似的有两次，前一次是悲剧，后一次是喜剧。"为什么？因为人会总结前人的经验教训。从某种程度上我们可以说：历史学就是一种以过去发生过的事实及其经验教训为训诫的哲学！鉴往知来是历史学存在的重要价值之一！以史资政、以史为鉴、以史鉴今的作用早已成为共识。这是一般意义上的以史资政，本书还要论述一下史学工作中特殊意义的以史资政。

自古以来，以史资政、以史为鉴、以史鉴今都是记载与反映历史的重要目的之一。对于史学工作者来说，资政体现在以下工作方面：

1. 著述历史书方面

在农业文明时代的家天下统治时期，中国史书以纪传体为正史体例，人物成为历朝历代史书的主体。帝王将相的经历及其经验教训，成为后代帝王将相的借鉴。如以资政为目的的宋朝著名的史书《资治通鉴》，这部巨著的主编、历史学家司马光写道："鉴前世之兴衰，考当今之得失，嘉善矜恶，取是舍非。"从此，这部书成为历朝历代统治

[①] 郭小凌：《西方史学史》，北京师范大学出版社2011年版，第135页。

者的教科书或参考书。古希腊历史学家修昔底德断言："历史书之所以有借鉴价值，原因在于不变的人性，即人固有的贪婪、权力欲、支配欲、情欲等深层的自私欲念并不会因为时代的更迭而发生本质上的改变。"①古罗马历史学家撒路斯提乌斯言道："人的贪欲消灭了诚实、正直和所有其他的高贵品质。"②自进入近代工业文明时代的政党领导国家以来，历史书注重收集对历史特点经验教训及其发展规律的认识内容，以及各个时代国家的政策体制制度运行的规律及其特点，从而也体现了以史资政的特点。今天处于生态文明的新时代，我们著述历史书的目的也有所不同。其一，在思想观念上，不仅要继承以往史学以史为鉴的优秀传统，而且更应当用当今大历史的观念，即历史、现实、未来发展联系的长度上和人类社会与自然界相互影响发展的广度上，去思考、探索、认识历史，将这种正确的、全面的认识融入历史的著述中，所有历史时代的发展都具有一般性的规律，每个历史时代的发展更具有特殊性的规律。写史，使历史和现实呼应起来，以高质量的史著去影响读者和社会，去发挥历史学应有的以史资政的作用。让读者和社会组织通过认识历史，从而更好地认识与理解现实。一个时代具有一个时代的史学，我们时代的史学就是要体现生态文明时代全面发展、共生共荣的理念和精神，这就是建立全面性的历史学及其观念。其二，在总结以前史书体例的效果得失的基础上，继承发展适应于现代所需要的史书体例，如本书前面三章所提倡的"融合体""合成体"，这同样是"以史为鉴"，使历史学的经验教训恰当地满足当代的需要。其三，当代人写当代史难，但还是要写。因为当代人对当代历史的认识有一个基本的认同感，这是国家统一、民族团结、热爱祖国和热爱家乡思想道德和价值观的基础；也可以给后代留下连贯性的资料，以便将来的人们站在将来的角度来写这段历史；否则坐视历史资料丢失，

---

① 郭小凌：《西方史学史》，北京师范大学出版社2011年版，第41页。
② 郭小凌：《西方史学史》，北京师范大学出版社2011年版，第71页。

使后人记载历史有缺漏,可谓遗憾。当代人写当代史在古代,还是现代都是有的,它虽有局限,但亦有长处,就是留下丰富连贯的资料,如《史记》既是"通史",也是那个时代的"当代史";又如历代皇室所写的帝王"起居录""实录"之类的"当代史",如我国明、清两朝没有正式写本朝的历史,但都有历史"实录",即后一代皇帝对前一代或前几代皇帝的实录。《明实录》留下 2 909 卷[①];《清实录》更留下 4 433 卷[②]。分别为后来写《明史》《清史》提供了丰富的史料。现代的"当代史"对于国外反对中国的言论也是一个驳斥,它让广大读者对自己的国家有深厚的认同感,也为以后写史打下资料基础。全面性的历史观念、全方位的史书体例和反映形式、注重当代史编写的作用,就会推进历史学的大进步、大发展。其四,人类社会由各行各业组成,劳动推动着社会的进步发展,按照全面性历史学的大历史观念,历史学不仅是国家、地方的历史,也是各行各业的历史。无论何种级别、居于何处的行业单位,编志写史,总结本单位的经验教训,不仅可使职员增加对本单位、本行业历史的了解认识,而且还可吸取经验教训,更增加对本单位、本行业的情感和文化认同。单位文化素质的提高是整个社会文明素质提高的细胞。这里谈一下与史书既有渊源,又有区别的"志"。志,在《汉书》中是其中一个组成部分,它是对自然方面而非个人方面的资料;那时的史书包含了"志";到晋朝时就产生了《三国志》,以志写人物,不乏生动形象。后至明清,专门形成志书、方志学,专门记载资料性很强的人类社会、自然界状况,内容全面,文字简洁,一般不做议论。"史"与"志"共同印证一个历史时代的方方面面。换句话说:我们要了解一个地域的历史,既要读史书,也要读志书,两者都不是排斥关系,而是相互补充的关系。其五,按照全面性的历史学观念,历史学不仅反映人类社会的历史,也反映自然界的历

---

① 瞿林东:《中国史学史纲》,北京师范大学出版社 2010 年版,第 354 页。
② 瞿林东:《中国史学史纲》,北京师范大学出版社 2010 年版,第 400 页。

史，因此，广泛深入地研究自然界的历史学，也是促使人类不断认识自然、发展科学技术的重要基础。

2. 撰写历史专题方面

进入近代工业文明社会以来，受科学技术发展的影响，人类理性地认识历史，使著述历史书产生了"叙史为主、论史为辅、史论结合"的方法。要理性地认识历史，就要对史料进行研究，写出一个个的历史专题，弄清历史的来龙去脉、原因特点、发展规律、经验教训、历史意义，为编著史书打下基础。在本书前面第五章的"编著文字历史书的第四道工序——撰写历史专题"中论述过。这里只就以史资政在历史专题中的体现谈论一下。为著史书所写的历史专题只是历史专题的第一个层次，即就历史记载历史。要使历史专题具有资政性，就必须找到历史与现实的结合点，就必须首先找到所写历史的特点及其价值，即所写的历史为什么会这样？对今天有什么价值？如何找到价值？古诗言："不识庐山真面目，自缘身在此山中。"俗话说："有比较才有鉴别。"但是，比较是有前提的，即被比较的两个或两个以上的事物有某种相似性，一般属于同一类型，如不同时期的战争与战争的比较，政治家与政治家的比较，音乐作品与音乐作品的比较，古代中国建筑雕塑与古代希腊建筑雕塑相比较等；将历史与现实相比较，如国家不同时期的经济政策相比较等；这样才有可比性。历史比较法的运用，又称为"类比性研究法"，即将同类性的、相类似事物的历史发展进行比较，通过比较，找出它们的共同性，更要找出它们各自的特殊性，以及形成的原因，从而认识各自的历史背景、社会条件与历史价值；如果是不同的国家民族还有不同的文化观和价值观。其实，在古代中国传统史书中就有比较的传统，司马迁著述《史记》的"列传"，一则为节俭篇幅，二则将两个或两个以上具有可比性的人物写在同一卷的"合传"中，如《孟子荀卿列传》等，让读者在阅读中看到他们之间的相同点与不同点，增强了读者对历史人物的准确认知。再如古罗马历史学家普鲁塔克在编著《希腊罗马名人传》时，用一个希腊名人搭配一个罗马名人的编法，通过比较来评论这些名人的功过得失。历史学中的比较法研究不仅是一种方法，更是开阔研究者视野的一种途径。历史比较法犹如可看清和理解各种历史现象的"显微镜"，使所写的历史专题有认识的深度和资政性的目的，就达到了历史专题的第二个层次，将历史与现实相结合论述，资政性落实到为现实服务的目的上。比较法的运用犹如历史学中战术实行的层面，如果还要继续提高，就要将所写的历史与整个历史上相关的思想理论进行联系思考。常言道："站得高看得远。"站在古往今来历史理论及思想哲学巨人的肩膀上就可看到和理解历史、现实与未来发展的走向。从历史与现实未来发展的纵向上找出其历史作用，从人类社会与自然界关联的横向上找出其历史价值。这就是历史理论法的运用，理论法犹如可看到历史走向的"望远镜"，使历史专题对现实有资政性、对认识有理论性启发。这就达到了第三个层次，将历史置于历史长河中、并与理论相结合论述。理论法的运用犹如历史学中战略推进的层面。层次即境界。对历史认识达到高层次的思想境界：文以载道，史亦载道。

3. 撰写历史课题论文方面

作为历史工作者，我们往往偏重记载反映历史，相对而言，对带有资政性的科研历史课题论文做得不够。我们的以史资政不仅是从著述史书与反映历史的图片影视史集中去体现，还应从深入研究的科研中、反映历史的史论中去体现。

历史课题论文与历史专题文章既类似，又有区别。两者都是以历史为叙述的对象，不同的是历史专题文章着眼点在历史，一般比较全面、连贯，它可以作为编著史书的参考资料，是史书的基础，资政是论从史出；而历史课题论文的着眼点是在现实，论述历史只是作为论述现实的起点，将历史与现实联系的论述相对更多。历史课题是以史为鉴的思想在文字上的一种体现。它对历史部分的论述是根据对现实论述的重点问题而定的，如对现实与相类似的历史的不同特征的探索，就去论述历史的特征；如对现实与历史的相近而又不同的社会条件的研究，就去论述历史条件等，不必涉及历史所有方面。当现实需要查询、研究相类似的历史时，历史就会体现出它的独特价值。历史课题论文更集中，更具有将历史、现实、未来联系起来进行理论性探讨的特征；历史课题比起历史专题来说，还需要现代其它科学的信息与思想方法；尤其要提出现实的问题，才具有更强的现实针对性。因此，尤其需要学习别人所写的相关研究成果及研究理论著述，这样才能有理论高度。相对历史专题而言，历史课题论文的资政性更强一些。历史课题论文可以提高我们对历史、现实和未来的认识，从而提高著述历史书的水平。相比较而言，历史专题的资政性体现在语言上是言简意赅；历史课题的资政性体现在语言上是深入分析。

4. 汇编历史专题文集方面

历史专题文集是将个人或多人撰写的对某一历史时期的事件或人物或历史问题的文章汇编成书，有利于读者对相关历史全面深入的了解和理论性认识的提高，为著述史书打下基础；也为资政提供历史资料。汇编历史专题需要统一编纂思想，在被编入文章的基础上，更全面、综合地提出具有代表性的资政性的思想，作为全书的主题。

不要小看撰写历史专题、历史科研论文与汇编历史专题论文集，这是史学工作者"以史资政"的重要工作方式。因为对某一个、某一类历史事件或人物进行全面深入的研究，包括直接原因、间接原因、根本原因、发展特点、相互关系、发展规律、与今天乃至将来发展的联系、有何理论意义等，能给我们以重要的启示。只有写深、写透、写全，才能使史书、论文集、论文起到资政启发的作用。

5. 史学评论方面

（1）史学评论的必要性。

历史工作者的资政性不仅体现在对历史问题的研究评论中，也体现在对史学本身发展的研究评论中。史学的发展进步如文学那样是需要评论与批评的，史学评论体现着史学思想、思潮。它有著史者彼此间对著作的看法、书评；有研究者、评史者对史著的评论；有读史者的好恶。读者对某史著的看法，成为一种直观的评价，而对史著精当的点评与充溢着史学思想的史学家、史评者的评论，却是对史著的基本定论与对史学发展的宣传，成为历史学的舆论引导。在中国史学史上，唐朝刘知几著的《史通》，清朝章学诚的《文史通义》都堪称经典的史学理论著作，成为较早的史学评论，里面有对各类史书的精湛点评，他们提出的"史德、史才、史识、史学"早已指导着史著在很长一段时间的发展。近现代以来中外出的"史学概论"等理论书也指导着史学的发展。当然，世界各国的史学理论专著、历史哲学、历史概论层出不穷，各自都指导着自己国家的史学或影响着世界史学的发展。尤其在以科技为反映着历史的时代，其理论著述就大有可为了。

（2）史学评论的基本方面。

史学评论的基本方面包括对客观历史（具体事件、人物、时代、自然界的客观存在）、对史书、史学指导与方法等的评论。① 对客观历史的评论。客观历史这个范围很广泛，可以说事无巨细，当然我们可以选取一些在历史发展中具有阶段性意义的重大事件与起着重大作用的重要人物、对发展起着重要影响的政策与制度等，来进行研究评论，有利于从宏观上认识历史时代。通常评论任何历史时代的历史事件、历史人物、政策制度都或多或少地会受到评论者所处时代的思想影响，这是必然的。但没有对客观历史的历史学研究从而得出其历史特点及其发展规律，我们既不能正确认识过去，也不能正确地理解现在，更无法预见未来。那么写出的史书、文集、论文就没有什么资政性了。对自然史的评论，不仅有助于这类史书的不断进步发展，而且更有助于促进自然科学技术的不断进步发展。② 对史书史学的评论。从某种程度上可以说，一部史学理论发展史的著作基本上是对历史以来流传下来的史书以及史学流派的评论，刘知几的《史通》就是这样的，它成为中国史学史上的第一部评论史书的专著，也成为世界史学评论史上较早的专著之一。这部书比较客观、公正、全面地评价了唐朝以前的历朝历代各种体例史书的特点，作者对史家一视同仁的平等精神和勇气也是值得称赞的。尽管他也存在着时代与自己的局限性。对史学理论的评论，有助于推动对史学发展以史为鉴的研究，有助于推动历史学的向前发展。

无论是对客观历史的评论，还是对史书史学的评论，无论从什么思想观念出发来评价，都应当遵循一条最根本的原则：实事求是。这是一切科学智慧的基础。例如对古代史书上记载的不符合我们今天民主道德意识的帝王家天下治国进行彻底否定，就不是实事求是的态度，因为那是当时人类社会发展的阶段，今天来看不合理，但那也是那段历史必然要产生的事实，古代史书如实地记载家天下统治的事实，那没有错。即使是今天写追述古代的历史书时也不能完全抹杀。对近现代历史的记载，也不应当符合作者自己观点和道德标准的就记载，不符合的就不记载。割断历史的做法从学说的发展来看失之偏颇。

6. 史学发展史方面

正确的科学思想认识是建立在历史发展基础之上的，因此，必须基本清楚中国历史学与世界历史学发展的历史。中国的历史学史书的发展呈现出连贯丰富的特点，成为世界上史籍最丰富的国家之一。就世界历史学基本历史而言，亚洲的古代文明国家（除印度外），大多数都有自己国家民族文字记载的文本历史学史书，如我国东部的邻国朝鲜14世纪末至15世纪后期的历史学家郑麟趾主编的史书《高丽史》[①]；越南15世纪的历史学家吴士连主编的《大越史记全书》[②]；日本也出现史书《大日本史》等。古代各国多以大事纪实录和形象性史书为基本特征，也出现了少量的对历史学探索的学说；欧洲各国的形象性史书亦然，只是对历史及其学说的初步探索先于世界各地。到了近代，

[①][②] 王晴佳、李隆国：《外国史学史》，北京大学出版社2017年版，第297页。

西方史学随着工业文明的兴起率先进入理性史学阶段；20世纪前后，中国及东亚史学也相继进入近代理性史学阶段。就文明而言，南美洲、非洲都有灿烂的古代文明，其历史遗迹就是证明，但记载历史的意识不强，以至于长期保留在口头传说中的历史；直到15世纪西方殖民者入侵后，天主教教士开始记载后才有文字记载的历史；到19世纪南美洲国家相继独立后，才开始有了自己国家的真正历史学，如19世纪20年代巴西脱离葡萄牙的殖民统治独立后，历史学家弗朗西斯科·瓦尔哈根著述了《巴西通史》[①]，他被誉为"巴西历史学之父"。非洲更是长期受着殖民统治，到20世纪50、60年代非洲国家纷纷独立，也才有了自己国家的历史学，如尼日利亚的历史学家肯尼斯·戴克著述的《尼日利亚三角洲的贸易和政治》[②]、肯尼亚的历史学家阿伦·奥戈特主编的《非洲通史》[③]等。无论是黄种人、白种人，还是黑种人，到近代都有了自己国家民族的历史。这就是人类历史学发展的大概。世界各大洲国家的历史学发展是不平衡的；历史学既要记载，也要探索，还要应用多种科技手段全面来反映。这就是历史学发展的特点和时代要求。

虽然世界范围的历史学千差万别，但有代表性的历史学发展轨迹客观上显示：人类的历史学基本上经历了古代农业文明时代的感性历史学时期、近代工业文明时代的理性历史学时期，现在进入生态文明时代的感性与理性共同反映的全面性历史学时期。每一时期又分为若干个阶段，每一阶段之间史学的发展是具有逻辑性的，是与各个时代的社会发展相关联的。明白了这一基本特点，我们站在今天生态文明时代，就要根据时代的要求来进行历史的考察，来进行历史对现实有用的、有意义的、有价值的思索。要求我们更全面地掌握历史学的资政性及其上面提到的所有方面。

[①] 王晴佳、李隆国：《外国史学史》，北京大学出版社2017年版，第306页。
[②][③] 王晴佳、李隆国：《外国史学史》，北京大学出版社2017年版，第309页。

7. 历史影视片解说词方面

当科学技术发明了电影电视的时候，记录与反映历史就有了新形式，而它们一般是有解说词的，如何以资政的精神写好解说词，就是史学工作者与影视工作者要深入研究做好的。像写在书上的资政逻辑一样，在解说词中同样也可以写到，但所不同的是影视的解说词不能写得太多，有历史逻辑、基本精神，有使人思考的哲理格言就行了，如果说书本上的资政分析推理语言像散文一样的话，那么，解说词更像凝练的诗词。解说词须考虑写到历史发展的内在逻辑，具有语言的艺术魅力。无论是在影视史书，还是历史专题史论片、结合现代的政论片，解说词都是重要的一部分。

8. 史官制度的建立与实施方面

人类任何事业的真正发展要靠制度和组织来保证，要使历史学确实起到应有的资政性作用，也要靠制度来保证。这就是通过国家及地方党政军群及各行、各业、各单位建立与实施以史资政的记史制度。当然，这不是史学一个部门可以办到的。既然历史有这样影响人，影响政党、国家、民族、社会发展的作用，那么，作为政党领导的国家时代，制定并施行具有监督机制的记史制度就是必要的，即全国及地方记史部门根据有关制度，有权利有义务对已辞世的党政领导人作"传记"或"传略"，当然对人物的定论要根据组织和人事部门的结论；有权利有义务旁听有关重大的会议并做记录；记史部门人员及其所作的史书和人物传记受党纪法律保护等。如果说党纪国法是从现实的行动上规范与施行对广大党员干部队伍、广大公民进行监督的话，那么记史部门所记载的"人物传"就是从身后的名声上给予肯定或否定的定论，从而起到警示和监督作用，因为并不是所有的为政者都不考虑身后"名声"的。凡到任的领导者，都领一部这样的"人物传"，在进行思想汇报时至少一年写出一份学习人物传略的认识体会上交组织，使

"党政人物传略"起到激励、警示作用,"以人为镜,可以明得失",做什么样的领导者,由自己选择决定。这样使史学建立起监督职能,才能使以史为鉴更进一步地落到实处。

通常我们所说的历史专业或历史部门,实际上是指国家或地方行政区划的历史部门,而非指广义上的包括自然史的部门。因此,各行各业的发展,都应当建立健全自己行业单位以档案为依据的写史部门或人员,各行各业都有以史为鉴的问题,这就是大历史学观念的体现和应用。

(三)继承历史优秀传统,以史育人

人类社会以往的历史对于现在与未来的人们都具有教育的作用,如果说以史资政是从充溢着智慧理性与科学的制度、政策、战略、策略以及方式、方法、经验上借鉴以避免重复历史的错误的话,那么,以史育人则从道德品行、思想信仰、性格意志和情感精神方面起着感动人、影响人、塑造人的作用。"育人",什么最重要?品德最重要,德为先,德为才之帅,才为德之资。在中国传统史学中,褒善贬恶体现了史学的一项基本功能——以史育人。几千年来世界上的国家史表明:要维系一个国家的稳定健康发展的基本保证,是有人们共同认可和遵守的价值观、道德标准和强制执行的法制。作为衡量人的言行对错的准则,道德基本上可以分为爱国主义道德、职业道德、社会公德、家庭美德。

1. 爱国主义道德

以爱国主义为基础的思想品德、精神感情,就是爱国主义道德,这是一个国家得以存在、稳定、发展和不断进步的基本因素,是全国人民团结奋斗的共同规范、共同情感和共同意志。爱国主义思想精神培养了一代又一代的爱国英雄志士,教育了一代又一代爱国人民。尤其是爱国英雄志士成为代代相传的楷模，这样的例子是数不胜数的。如我国南宋初期，抗金将领岳飞与战友们不怕牺牲，英勇作战，立下赫赫战功，后升职到了元帅。他率领军队屡次大破敌军，收复了不少失地。打得金兵闻风丧胆，发出了"撼山易，撼岳家军难"的哀叹。岳飞在其诗词《满江红》的最后写出了自己的志向："待重头，收拾旧山河，朝天阙。"正当岳飞率军大破敌军，乘胜追击，准备收回全部失地时，宋高宗皇帝赵构在宰相秦桧的怂恿下，竟然一连下了12道金牌，强令召回并关押岳飞，他们千方百计搜集岳飞的贪污证据，但一无所获，审判官无法定罪，请示宰相秦桧，秦桧恼羞成怒，竟气急败坏地以"莫须有"的罪名，将岳飞父子害死在临安（今杭州）城郊的风波亭。但是，抗金英雄岳飞精忠报国、不计个人荣辱、誓死保卫祖国的精神感天动地，这种精神不是奸臣所能绞杀得了的。后人将岳飞父子的陵墓建在杭州西湖畔，命名为"岳王陵"，供人们世世代代瞻仰铭记。而秦桧等则被铸造为永远的跪像，永遭世人唾骂！岳飞的爱国事迹和精神在《宋史》中，在民间创作和流传的《说岳全传》等书和戏剧中代代相传。19世纪末，中华大地遭到世界列强的蚕食瓜分，清朝海军北洋水师舰队在与入侵的日本舰队在黄海进行大战时，我方指挥的旗舰不幸中弹遭到重创，"致远号"军舰管带（即舰长）邓世昌毅然在自己舰上升起帅旗，协调指挥作战，并打沉打伤数艘敌舰；但炮弹打光，面对气势汹汹不断逼近并向他发出"投降"指令旗语的敌旗舰"吉野号"，邓世昌下令："开足马力，撞沉吉野！"敌旗舰见"致远号"是来拼命的，又转向仓皇逃跑。邓世昌率舰紧紧追击，正待两舰相撞之时，"致远号"不幸中了敌舰发射的鱼雷而下沉，邓世昌及全舰官兵壮烈殉国！他们誓死保卫中华的精神感天动地！爱国主义英雄和精神在世界为各国所提倡，受各国人民尊崇。公元前490年，波斯大军入侵希腊，前锋已接近希腊首都雅典城郊附近，希腊军民同仇敌忾，利用城郊马拉松镇的有利地形，设下埋伏，当波斯侵略军进入包围圈时，希腊军发起突然袭击，打得侵略军措手不及，取得了以少胜多的胜利，击退了入侵者。为把这一胜利的喜讯尽快告诉城里的民众，指挥官令传令兵菲迪皮茨跑去告知。从战场到雅典城广场有42千米又195米远，菲迪皮茨飞跑着，他跑啊，跑啊，忘记了疲劳，一心想把这一胜利的消息尽快告知城邦的人们，当他跑到广场上对着焦急等待前线战斗消息的人们，全力地喊出"我们胜利啦！"后，便含笑地永远合上了双眼。是什么支撑这位年轻的战士在战斗后连续不停地跑了那样长的路，是他心灵深处的爱国精神和感情啊！为了纪念这位年轻战士的爱国精神，为了纪念马拉松战役的胜利，当1896年世界在希腊举行现代第一届奥林匹克运动会时，特意将那位古希腊英雄的传令兵奔跑的42千米又195米作为运动会的最后一个比赛项目，命名为"马拉松赛跑"或"马拉松竞赛"。以后每一届如此，届届相传至今。这是什么？爱国主义是人们对自己祖祖辈辈传承下来的共同家园所拥有的一种最朴素、最持久、最深厚的感情！爱国主义英雄为世界各国所敬仰，爱国主义思想为各国所提倡。以历史上的爱国主义英雄事迹教育人们，就是以史育人。因为中华民族具有这样生生不息、传承至今的强大的爱国主义思想感情、精神力量，才使我们中国这个经历了几千年历史的国家久经风雨而屹立不倒！爱国主义的深厚感情植根于对祖国的热爱，对民族的悠久历史和文化传统的自豪，对国家、民族的命运的关切和信念。在中华民族的历史上，爱国主义有着长期培育起来的深厚的基础。而在世界历史上，一些国家，包括一些强大的国家没有延续下来，其中一个重要原因就是淡化了爱国主义思想的教育。因此，历史学在教育人们一代又一代传承的爱国主义思想方面起到了十分重要的作用。

　　爱国主义思想精神不仅体现在祖国遭受危难之时，也体现在和平建设时期。英雄是时代精神的诠释，是人民需要的回应！各个时代英雄的表现形式有所不同，但精神实质是一致的，那就是为了人民、为了祖国、为了民族、为了人类、为了世界的正义事业和共同利益而努力奋斗，贡献自己的一切，乃至最宝贵的生命！如果说战争时期需要的道德是不怕牺牲的话，那么和平时期需要的道德是不怕困难和克服困难。中华人民共和国成立时，国家工业刚起步，石油工业更是一穷二白。如果长期依赖进口，将极大地限制我国的工业体系的建立和发展。20 世纪 50 年代，我国在甘肃玉门一带找到并开采石油；1959 年，十周年国庆前夕，又在黑龙江发现了储量更丰富的石油，该油田被命名为"大庆"。作为第一代石油工人的 1205 钻井队队长王进喜率队参加了大庆石油大会战，他与工人们决心通过苦干实干甩掉我国石油贫困的帽子。他们加班加点地干，身为队长的他身先士卒，常常亲自和工人们一道背水泥、砂石等。王进喜发下誓言："宁肯少活二十年，拼命也要拿下大油田。"他不仅是这样说的，更是这样做的。1960 年 4 月 29 日，当王进喜率 1205 钻井队在打第二口井时，由于地层压力太大，向下打井到 700 米时，突然发生了"井喷"。必须马上加搅拌的水泥砂浆，但危急的情形已经来不及花时间用机器做大面积的搅拌了。关键时刻，王进喜奋不顾身，毅然跳进了泥浆池，用自己的身体搅拌着泥浆，他的这一举动感动了在场的每一个工人，大家情不自禁地纷纷跳进泥浆池，用身体充当搅拌机，搅拌着泥浆，最终制服了井喷。正是由于有像王进喜这样的工人热爱祖国、无私奉献的工作精神，大庆油田很快于 1960 年打出了石油，同年 6 月 1 日，首车原油外运。此后大庆不断扩大生产规模，源源不断地为国家打出和输送石油，为我国石油工业的起步和发展打下了坚实的基础。在改革开放新时期，这种爱国主义精神一如既往地继承了下来。援藏干部孔繁森两次入藏，以身殉职。归国科学家黄大年一心扑在科学研究工作上，不分昼夜，攻克了一个个难关，为国家做出了重要贡献，最后以身殉职。他们都把祖国、把工作看得高于一切。他们的事迹感天动地。和平建设时期，我们每一个人兢兢业业地干好本职工作，就是对国家做出的贡献。就是履行着爱国道德。

2. 职业道德

我们人类与大自然中的其它动物一样都需要生存，但我们不是像其它动物那样只能吃大自然生长的草木食物、或弱肉强食，如果没有吃的就会集体饿死。我们人类从远古的时候就有智慧灵性，观察到可吃的植物按照春夏秋冬的循环规律而生长，于是保留下种子，有意识地种植下去，等成熟后食用，这就是农业的雏形；会利用打猎拔下的兽皮披在身上或做成衣服御寒，这就是纺织业的雏形；发展到后来，人类凭着自己的聪明才智和辛勤劳动，创造食物、创造衣物、创造房子、创造汽车……作为个体，每一个人在世间都要生存，就要从事劳动，创造物质财富或精神财富，从而获取劳动报酬，使自己得以生存和生活，劳动就是工作。工作分成许多行业、许多部门，每一个人不能同时做许多行业的工作，一般来说只能从事一种行业的工作。每一行都服务于社会，互相交换劳动成果。每一项工作都有要求从事它的工作者必须遵守的规则，这就是职业道德。农业种植庄稼，需要按天时勤于耕种、管理与到时节的收割；工业需要精益求精、一丝不苟，避免出废品；商业服务要礼貌待客，热情周到。这里举一个爱岗敬业的典型例子：在中华人民共和国成立之初的1953年，国家开始实施第一个五年计划，鞍山钢铁厂生产建设正快速进行。这时，矿山生产告急，大批凿岩机因缺少配件卡动器，被迫停止作业。试制卡动器的任务落在工具车间。第一道工序的车床加工需要45分钟加工一个，而第二道工序插床加工一个却要两个半小时。全车间只有一台插床，厂长、车间主任都很着急。技术员王崇伦看在眼里，急在心里，他不分昼夜地反复琢磨试验，搞起了技术攻关，用刨床代替插床，制造一个圆筒形工具胎，把插床垂直切削转变成刨床的水平切削。半个月后，熬红了双眼的王崇伦把特殊工具胎的图纸展现在车间领导面前，得到领导的支持。几天之后，王崇伦将制作的新工具胎安置在刨床上，试车这一天，大家都来观看。当第一批工件加工完毕之时，计时员宣布：加工一个卡动器耗时45分钟，比原来需要的两个半小时大大提高了效率，大伙禁不住热烈鼓掌欢呼！更令人惊奇的是，以往每加工一种零件都得制作一套专用的卡具，而这一新工具胎则不需要。王崇伦创造的新工具胎成为"万能工具胎"。以后他不断改进，将工时由45分钟缩减到30分钟，最后缩到19分钟，相当于提高了最初工作速度的6至7倍。1953年年底，王崇伦完成了4年又17天的工作量，被评为全国同行业"走在时间前面的人"。是什么使他奋不顾身地一心扑在科技攻关上？是他热爱工作、热爱工厂、热爱科学技术的朴素感情，是他具有强烈的职业道德、敬业精神和钻研创新的精神，当然这也是他爱国思想的最好体现！又如20世纪60、70年代的科研工作者陈景润兢兢业业钻研自己所从事的数学理论研究，在"文化大革命"运动期间忍辱负重，用笔算出世界性的数论难题。这既是他对科学的热爱精神，也是他忠于自己工作的职业道德和敬业精神的最好体现。当然，更多的人是默默无闻地工作在各行各业的岗位上的劳动者，这样的例子真是数不胜数。我们每一个人都要遵守自己行业的职业道德，奉行敬业精神，对自己本行业的本职工作尽心尽责，做好自己的本职工作，就是对社会的尽职尽责，就会为国家、为社会、为广大的消费者做出贡献，也为自己的家庭和自己的生活做出贡献。只有遵守职业道德，才能将我们每一个人的本职工作做好，做好工作就是爱国家、爱社会、爱人民、爱自己的具体体现。职业道德是我们每一个从事工作的人都必须提倡和遵循的基本道德！

3. 社会公德

社会公德是指我们每一个人在社会交往中，应当遵循国家、集体、公共场合、群众利益的行为规范。如遵守交通规则，遵守公共卫生，不随地吐痰，礼貌待人，邻里和睦，尊老爱幼，助人为乐，扶危济困，见义勇为等。这是国家社会健康发展的重要体现。例如20世纪60年代初期的普通战士雷锋做了许多帮助群众的平凡小事，感动了许多人，温暖了人心，促进了社会的和谐，他为人们诠释和树立了道德精神的伟大。雷锋所做的助人为乐的小事，是每一个人都有能力做到的；但又绝不是每一个人都能够做到的、都愿意做到的。这些助人为乐的平凡小事体现了道德的高尚！学雷锋做好事成为那时的风尚。也成为我们继续弘扬的精神。

4. 家庭美德

人类进入文明社会，人从父母结合的家庭中诞生，又以家庭的形式离世。孝敬父母，尊长爱幼，夫妻互敬互爱，同甘共苦，这就是家庭美德。家庭美德需要互谅互让、互相理解、互相帮衬，同心协力、同担困难、同享快乐，这是家庭幸福的重要内容！家庭的稳定是社会稳定的细胞，国家的安危和家庭的安全是紧密联系在一起的。

将历史上的民族英雄、道德模范等有突出贡献的人物记载于史书中，无疑能起到立标杆、树榜样、引方向的作用。英雄豪杰、仁人志士对千千万万的人们来说，具有引导性的作用！一个国家民族文化、文明精神的传承，历史学起了基础性、关键性的作用！它能使每一个普通人都践行"国家兴亡，匹夫有责""国家之需，我辈之责"，这种精神力量和价值是无法衡量的！过去讲："欲亡其国，必先亡其史。"就是侵略者对被侵略国家的人民实行奴化教育，使之忘记自己祖国的历史，从感情上、精神上解除其对祖国的依恋和信仰，以便侵略者永久占领及征服。但是，中国的历史从史书、从人们的口中、从照片和影视中代代相传下来，形成人们强大而持久的对祖国的感情信念，形成我们民族优秀的道德精神传统。

编著历史书、探讨历史的历史学，其中一大功能就是以史育人。中国道德价值观基本体系的伟大奠基者、思想家、教育家孔子在著述《春秋》一书时，选字用词有褒贬，使天下乱臣贼子"惧焉"；历史学家刘知几在历史学评论专著《史通》中，对人物立传评论道："其恶可以诫世，其善可以示后。"中国历代的史书对国家民族演变的历史有记载，从公元前841年时的周厉王时期就有了纪年的记载，直到今天，记载从不间断，这是中国历史学绵延几千年至今不断发展的重要体现。

教育人有激励，也有警示！"二十四史"的"人物传"既有英雄豪杰，也有酷吏贪官，这一治史传统应很好地继承下来，对于近代以来以科学观编著的历史书是很充实的补充，对各阶层、各年龄段的人的教育意义是不言而喻的。但必须指出的是：中国遗留下来的浩如烟海的史籍中，记载政治、军事、文化的人物和事件比比皆是，其丰富程度在世界几千年的历史学发展史上都是奇迹；但关于经济、科学技术、自然等全面深入的历史是写得远远不够的，这些在世界上并无优势可言。其次，我国古代的那些史书，如"二十四史"，除了《史记》等少数已翻译成现代书面语言外，大多数还需要进行全面、完整、系统的翻译工作。

今天著述"人物传"切忌概念化、枯燥乏味。我们看到传统史学中不少历史学家的史著，如司马迁的《史记》里有一些篇章作为经典选用在中小学教科书，甚至大学选读课程中；司马光的《资治通鉴》里的一些篇章也被选录；其他的古代史学家的史著也有不少被选入。这些篇章所写的历史事件具体生动，历史人物形象鲜明。但近代以来的"理性史学"没有生动具体的历史事件、没有形象鲜明的历史人物，使历史书成了只有概念化的"历史"，而概念化的历史是不能感动人的。有哪个中小学生喜欢读这种"概念化"的历史书呢？故，笔者呼吁多写"融合体"史书。只有在广大读者愿意读历史书的基础上，历史学家和史学工作者所宣传的历史特点、规律才能被读者所接受！2004年4月13日，《贵阳日报》（第9版）转载了一篇报道《金庸要写〈中国通史〉采用小说体使用白话文》，言："日前，金庸先生在浙江大学演讲时表示，自己要写一部《中国通史》，要改变写作手法，既不用概念化的语言，也不用古代的文言文，而是用形象化的小说体、白话文来著述。使广大读者尤其是青少年学生容易阅读。"他坦言："古代的'正史'的古文使读者难于读懂；近代的《中国通史》贯穿着阶级斗争及意识形态观念，且充斥着'概念化'语言，使读者不愿意读。"金庸先生是20世纪50年代以来在世界华人中最具影响力的武侠小说家，他写的《射雕英雄传》等 10 多部武侠小说广受读者欢迎！他关于用白话文和形象性的小说语言和结构体著述《中国通史》的构思是经过深思熟虑的，充分考虑到古代的"史书"与近代以来的"史书"所存在的各种弊端，充分考虑到现代的广大读者。金庸先生心中始终有读者，这是他的作品成功的原因之一。可惜的是金庸先生于 2018 年 10 月 30 日逝世。但愿他用白话小说体写《中国通史》的构想能被继承弘扬！以上这些应当引起当代的历史学家和历史工作者注意，历史书不应当只是史学工作者由于职业习惯而愿意读的历史书，而应当是广大人民群众愿意读的历史书，广大读者对史书的需要，就是时代对史书的要求！

自西方近代三百多年、中国近代一百多年以来，由于史学界否定传统形象性的写法，使我们的历史记忆中这一块缺失许多，不过尚可补缺。2002 年，中国启动对清朝历史的编修，《清史》虽然有近代以来的"章节体"为基本体例，但也继承了传统的纪传体作为补充，这部书已记载了各方面的人物达 3 000 多名。一定程度上继承了我国正史中重视记载人物的史学传统。人类社会史，就要写人。当然，《清史》只是一个开始。这说明：我们在继续写好理性史学史书的同时，一则复兴传统的形象性写史的方法；二则以科技制作新史书，更是对历史记忆的完美补充。作为生态文明新时代历史部门领导的机构和人员、作为当代具有全面历史观念的历史著述者、研究者，我们要将以史育人落到实处。教育要打动人，用一般性的叙述、科学式的严谨语言是起不到较好效果的，必须要用形象性的语言，描述历史具体的演进过程，寓情于史，以情动人。为什么摄影技术已高度发展的今天，我国的影像史书数量还是偏少呢？这与史学界不少人士轻视影视的陈旧思想有关，更与我国的历史部门的体制有关。现在我国的史学队伍主要是在高校和历史专业部门，写史的方式基本还是文本史书；而影视部门每年度有本身的工作或宣传任务，即使是拍摄制作历史专题片，一般都是从纪念性的应时宣传效果上考虑，影视界缺乏历史学家；而历史学家却是在传统的文本史书领域。要将全面性的合成体史书落到实处，就需要从历史学观念上做通史学界的工作，做通领导部门的工作。就需要在高校、科学院、各类历史专业部门、各级摄影部门、各级影视部门、电视制作中心、电视台、各级互联网部门相应设立"历史照片制作部""历史影视制作部""历史互联网动画制作部"。并且需要培养既有历史学素养，又有相关技术素质的人才队伍。因为只有这样专业性的、深度性的影视与历史学的融合，才能制作出具有历史学专业和影视学专业水准的"历史图片集""历史录放音集""历史纪实影视集""历史互联网动画集"。健全这样的治史专业机构必将使我国新时代全面性的"合成体"史书的产生落到实处，促进历史学体现新时代特点和精神的大发展。《历史·图片集》《历史·录放音集》《历史·影视史集》《历史·互联网动画集》是广大人民群众喜闻乐见的、容易接受的历史宣传形式。历史故事是形象生动的、历史人物是有思想感情的，这就要求我们努力提高自身的文字、摄影、摄像表现水平。相对于以史资政来说，以史育人，特别是对青少年的历史教育要好做得多。自新中国成立以来，全国各地著述的反映新民主主义革命时期的"革命烈士传略"不少，但对共和国成立后的"革命烈士传略"有的地方做得相对较少，还有对"先进人物传略""劳动模范传略""英雄人物传略"，特别是地方党政"领导人传略"等记载较少。

第六章　生态文明时代需要什么样的历史学家

古今中外历史学的发展，对从事历史学这项工作的原则规则、职业道德、职业才能、职业素养提出了要求。中国第一部历史学理论著作《史通》的著者唐朝历史学家刘知几提出了"史家三长"说，即著述历史的史家要具有"史才、史学、史识"，"史才"指著述历史书的才能，具体含组织史料、用文字准确地表述历史的才能；"史学"指具备较全面系统的历史知识和撰写历史著作的学识；"史识"指对历史有符合背景条件发展逻辑的深刻见解和对史料的鉴别能力。到了清朝，另一部历史学理论著作《文史通义》的著者历史学家章学诚提出史家还应具有最重要的"史德"，即著述历史的史家首先要具有"史德"，"德者何？谓著书者之心术也。"指著述历史书的"心术"要端正，就是忠于史实、秉笔直书。在中国历史学史上形成共识，即著述历史书的历史学家须具有"史家四长"，即"德、才、学、识"。改革开放时期，历史学家白寿彝又提出：历史学家应具有随着时代前进及科学发展的创新精神与使用新科技记载历史的手段，即"创新"。这样在中国历史学家及其工作者的史学要求就需要"德、才、学、识、新"。在世界上其他国家也是这样的，实事求是地记载历史的精神、较好地表达历史的才能、全面丰富的历史知识和学识、对历史和历史学有符合背景条件及发展规律的深刻见解和认识，随着科学技术的发展的创新精神和方法，始终以最广大的读者、以人民群众为服务对象，是对每一代历史学家和历史工作者的要求。让今天与将来的人们知道并认识（既是感性，也是理性）过去，是历史学家的责任。历史学家总是以自己的观念去看待过去的历史，不仅要告知读者，而且要以自己的著作影响读者，影响正在行进中的现实社会。

当然，从史学发展上看，不同时代历史学家的职责表现形式是不同的。在古代就是要把历史发展的具体情况及直接原因记载下来，告知读者，让读者去感悟体会；在近代就是要把历史的简要过程、原因（含根本原因）、特点、经验教训、历史规律记载与研究定论写下来，告知读者，让读者去理性地认识；在当代不仅要把历史的简要过程、根本原因、特点、经验教训、历史规律记载与研究定论记载下来，而且还要把历史发展的具体情况及直接原因记载下来，全面地告知读者；还要以图片的方式、以影视纪实史的方式反映历史，全方位地展示给读者，让读者既有对历史的感性认识，也有对历史的理性认识。

全面性的历史学观念，才能产生全面性的历史学著作，而要完成全面性的历史学著作，就需要全面性的历史学家及其历史学团队。什么是全面性的历史学家及其全面性的历史学团队？他和他们应当具有生态文明时代的历史学观念，即全面地认识历史和历史学的观念，其特点首先是尊重人类社会发展规律、生态自然规律，尊重科学技术发展规律。人类对历史、对历史学的认识和发展是不断进步的，而不是停留在前人的认识上故步自封、毫无进步。其次，全面地看待以往历史学的不同特点，不是以自己认为是"正确的"，就去全部否定以往"错误的"历史学观念和做法，而是以宽容的做法去对待，在看到过去不同文明阶段的历史学之局限性时，也客观看到它们曾起到的积极作用，并将它们重新发掘出来，吸取其有益的部分，继续使其在今天和将来发挥其积极性的作用。这一点与近代史上的理性史学的简单化、绝对化的观念和做法是有明显不同的。既肯定近代以来理性史学透过现象写出历史的本质，又肯定传统感性史学如实地叙述反映历史现象的永恒价值。善于通过不同视角去看待同一个历史现象，这正是具有当代科学思维的历史学家应具有的历史思维素质和远见能力。其三，将人类历史与自然历史看作是相互依存的，将人类历史学与自然历史学看成是相互影响的，这种整体思维，才使历史学得以正确地全面地发展。具有这种生态文明时代的历史学观念，就具有今天史学家对历史特点规律的理论认识，他和他们应具有传统史学家将自己记载历史的文字传之后世的使命感和担当，凡作传世之史者，必先树可传世史作之志！他和他们应当具有将历史与现实、未来联系起来，认识其发展逻辑走向的大历史观的理论认识；应当有对历史学发展超前的远见卓识；应具有哲学家穿越历史时空以历史启示未来的深邃智慧；应具有文学家所表现的杰出才能，优美的叙事是历史著作的"防腐剂"；应具有自然科学技术和其它一般基础科学的知识；应涉猎广阔的文化艺术领域。真正的历史学家和敬业的历史工作者是有信仰和信念的人，他和他们对自己所处的时代，对身后的时代都负有责任感和使命感。只有这样，他和他们所编导的历史著作、历史图册、历史影视记录纪实史片、历史互联网动画作品集等才能具有高水平历史学成就。不是说这样的历史学家既会编纂史书，又会绘画，还会拍摄，而是说他应具有这样的知识和素养，但是作为团队则各样体例和各种表现形式则必须专业，这是历史学这门科学对历史学家及其团队的职业道德与职业技能素质之要求！因为这是检验他和他们在历史学这项工作中所做出成就的尺度，怀着使命铸青史，这就是历史学家及其团队的禀赋！高水平的历史学家应当也是高水平的思想家，历史学家不仅要记载反映历史，还要理解历史，并将这种理解告知读者，启发他们思考。好的科学书就是要在许多方面能启发读者对于科学对象的思考，理性的知识是用来唤醒智慧的！伟大的历史著作绝不只是历史的知识，而是体现着智慧之光，启发着更向前的智慧光芒，照耀着永恒！铸青史，存记忆；铸青史，启明智；铸青史，铸英魂。

结　论

　　我们人类在生存的同时，不断以自己的勤奋劳动和聪明智慧创造着文明成果和属于人类的新世界，并记录下世界、国家、城市、农村、单位、家庭，乃至个人发展经历的历史，记录下所有看见的自然界的一切历史。这种历史记载发展到一定的时候就成了历史书、历史学。历史学已有几千年的历史了，今天依然在发展，将来依然还要发展。历史学是对文明成果的记录，因此，它是我们人类创造全部成果的重要的、不可分割的组成部分。为了使历史学发展得更好，有必要对历史学相关的知识再作一下符合当今时代和科技发展的理性探索，即树立全面性的历史学观念。

　　以全面性的历史学观念来看待：什么是历史？历史是物质以往的发展过程。历史有广义和狭义之分，广义的历史是指自然界、人类社会等一切事物以往的发展过程；狭义的历史是指人类社会、国家、区域、世界、集体、单位、家庭、个人以往的发展过程。历史分为客观历史与主观历史，客观历史就是以往产生和发展的一切，主观历史是人对客观历史具有选择性的、认识性的记载。客观历史分为没有被记载而遗忘的历史，被记载流传下来成为永久记忆的历史。什么是历史学？就是记载、反映与研究历史的科学。既然历史有广义和狭义之分，那么，作为研究它的科学，历史学也就有了广义和狭义之分。广义的历史学是指记载、反映与研究自然界、人类社会等一切事物的历史的科学；狭义的历史学是指记载、反映与研究人类社会、国家、世界、民族、地区、集体、单位、家庭、个人的历史的科学。以全面性的历史学观念来看待，历史学发展基本经过农业文明时代的感性历史学、工业文明时代的理性历史学、生态文明时代的感性和理性共同反映的全面性历史学；历史学的对象既指人类历史，也指自然界历史；在时间上,既指过去历史的过程,也包括现在乃至将来的发展,即大历史角度、古今联系的角度;在历史学发展上,不仅指国家、世界、地方等行政区划的历史学,也指人类所从事的所有行业事业以及创新事业的历史学,还指自然界的历史学,即广义上的历史学;在文本史书体例上就是体现全面性史学的全方位"合成体"史书,既有传统史书体、近现当代史书体,也有当代科学技术发展起来的表现历史的新形式;在正史上,重视记载历史人物或地方历史人物。历史学的目的就是写出信史,以史资政,以史育人。历史学的精神就是实事求是、秉笔直书、不畏艰险、虚心求学、不断进取、隔代修史、时间检验。历史学的任务是编著制作全面性的历史学史书,具体就是写好历史书、编好历史图片集、录好历史性的声音、拍好历史片、制作好互联网历史作品以及研究有关历史的一切问题。存史也好,资政也罢,还是育人,都必须以写好历史书为基础。要写好历史书,就要明白有哪些"工序",要选好采用哪种史书体例,以及怎样掌握这些工序。著述文本历史书,基本上要经历:搜集史料——辨别史料——整理史料——撰写专题——汇集专题——拟定提纲——著述史书——修改初稿——编校定稿——出版发行这样几道工序。除编著好文本史书外,还须制作音像史书,以形成我们这个时代的"合成体"史书,即史书统一分部、多种体例、各种形式、相互补充、相互印证、相得益彰,以促使历史学的全面发展。树立全面性的历史学观念,编著制作全方位的历史学史书,呼吁这样的新史书产生!因此,在组织上,健全相应的机构和人才队伍。这本《历史学观念变迁探析》是对生态文明时代历史学观念的探索,是关于新时代整合著述历史书新原则与方法的探索,它是将这个时代的全面性历史学观念融会贯通于历史书的新体例的著述与制作中!它力图求新,是要以新的史学观念解读历史学的基本理论,是要探索解答历史学中出现的新问题,是要给出历史学中新问题的基本解决方案,从而促进历史学的进步发展!它希望与读者产生思想"共鸣"!既是写给著述文本历史书的历史学家及史学工作者,也是写给以摄影镜头记录历史瞬间的摄影家及工作者，还是写给以摄像机记录历史活动形象的影视拍摄制作专家及工作者，并且还写给以互联网进行历史动画设计的工作者等。各种记录和宣传历史的工作各展所长，以希望尽快进入全面性历史学的新时代。社会在发展、在改革，科学技术在不断更新，历史学也必然要发展、要改革。按照人民需要和希望的方向改，按照社会发展和要求的方向改，按照历史学发展和进步的规律改！充满智慧的书是钥匙，它能打开人们思想上的锁；是灯，它能照亮人思想上的黑暗之处！呼吁时代产生担当历史使命的全面性的历史学家和历史工作者，这就是笔者著述这本《历史学观念变迁探析》的初衷和目的！正是怀着将这一时代的史学认识传之于后世的使命感，冒昧地写下本书，意在抛砖引玉，共促全面性的新史学建立完善！也许当下有人不理解本书观点，但笔者相信：时间是世界上最有力量的，时间能说服一切，时间能证明一切，时间能战胜一切，但能与时间并行不衰的是人类发出永恒的文明史之光！无论历史学发展到什么时代，创造出怎样的史书新体例、新的表现形式，它的原则、它的精神都是永恒的，这就是实事求是、秉笔直书、时间检验！这是历史学照耀中国和世界各国古今的不朽光芒！

参考文献

[1] 瞿林东. 中国史学史纲[M]. 北京：北京师范大学出版社，2010.

[2] 郭小凌. 西方史学史[M]. 北京：北京师范大学出版社，2011.

[3] 王晴佳，李隆国. 外国史学史[M]. 北京：北京大学出版社，2017.

[4] （唐）刘知几. 史通[M]. 北京：中华书局，2014.

[5] （清）章学诚. 文史通义[M]. 贵阳：贵州人民出版社，1990.

[6] 白寿彝. 史学概论[M]. 银川：宁夏人民出版社，1983.

[7] 王学典. 史学引论[M]. 北京：北京大学出版社，2008.

后 记

我从 2011 年就开始撰写《历史学观念变迁探析》,至今已十年,全系业余时间写成。经过贵州民族大学、西南交通大学出版社的领导和同志们近两年的辛勤工作,这本书终于要出版发行,与读者见面了。此时,作为作者,我感到由衷高兴!

我由衷地感谢贵州民族大学叶成勇教授,这本书是我与他友谊的见证、勇毅前行的结晶!我由衷地感谢西南交通大学出版社的黄庆斌老师、黄淑文老师、吴启威老师!是他们的惜才用才、团结自信、锲而不舍、循循善诱、任劳任怨、不辞辛劳的敬业精神、优秀品质和丰富的工作经验感动和鼓舞了我,使本书能够得以出版发行。可以说,没有他们,就没有这本书的面世!

本书作为"田野史学丛书"之一,其特点是从宏观上对历史学理论加以探索,但愿能为这套丛书增光添彩!由于作者水平有待提高,加之出版时间有限,书中有不深入的地方,希望读者理解并善意提出。我多么希望在不久的将来能深入补写、增加进去,再次出版发行啊!

王毅力

2021 年 9 月 6 日